Jérémie TCHINDEBE

# Donald Trump et l'intervention divine : La foi d'un leader

Jérémie TCHINDEBE

# Donald Trump et l'intervention divine : La foi d'un leader

Éditions Croix du Salut

**Imprint**
Any brand names and product names mentioned in this book are subject to trademark, brand or patent protection and are trademarks or registered trademarks of their respective holders. The use of brand names, product names, common names, trade names, product descriptions etc. even without a particular marking in this work is in no way to be construed to mean that such names may be regarded as unrestricted in respect of trademark and brand protection legislation and could thus be used by anyone.

Cover image: www.ingimage.com

Publisher:
Éditions Croix du Salut
is a trademark of
Dodo Books Indian Ocean Ltd. and OmniScriptum S.R.L publishing group

120 High Road, East Finchley, London, N2 9ED, United Kingdom
Str. Armeneasca 28/1, office 1, Chisinau MD-2012, Republic of Moldova, Europe
Printed at: see last page
**ISBN: 978-620-6-17014-3**

# DONALD

# TRUMP

## ET

## L'INTERVENTION DIVINE

JEREMIE TCHINDEBE (ThD)

# TABLE DES MATIERES

# INTRODUCTION

Le 13 juillet 2024, lors d'un rassemblement en Pennsylvanie, l'ancien président des États-Unis, Donald Trump, a miraculeusement échappé à une tentative d'assassinat. Un tireur, Thomas Matthew Crooks, a tiré à bout portant, manquant Trump de justesse grâce à un mouvement de tête de dernière seconde. Trump attribue sa survie à une intervention divine, affirmant que seul Dieu a empêché le pire.

Dans les moments de crise extrême, la foi joue souvent un rôle crucial en apportant réconfort, espoir et une sensation de protection divine. Pour de nombreux leaders et individus, croire en une force supérieure peut fournir la force nécessaire pour surmonter des épreuves apparemment insurmontables. La foi agit également comme un puissant outil de résilience et d'unité, ralliant les gens autour de valeurs communes et d'un objectif partagé.

Historiquement, de nombreux leaders ont attribué leur survie et leur succès à des interventions divines. Ronald Reagan, après avoir survécu à une tentative d'assassinat en 1981, a également exprimé sa gratitude envers Dieu pour sa protection. Ces récits personnels de foi illustrent comment la croyance en des interventions divines peut non seulement façonner la perception publique, mais aussi renforcer les liens entre la foi et le leadership.

Cette introduction pose les bases pour explorer les récents événements entourant Donald Trump, tout en fournissant un cadre historique et théologique pour comprendre le rôle de la foi dans la vie des leaders.

# CHAPITRE 1

## L'EVENEMENT

# 1-DETAIL DE LA TENTATIVE D'ASSASSINAT SUR DONALD TRUMP

Le 13 juillet 2024, une vague de tension enveloppait Butler, une ville habituellement tranquille de Pennsylvanie. Ce jour-là, l'ancien président des États-Unis, Donald Trump, s'adressait à une foule massive lors d'un rassemblement politique. La chaleur de l'été était accentuée par l'enthousiasme des partisans de Trump, rassemblés pour entendre les paroles de leur leader emblématique.

Alors que Trump se tenait sur scène, dominant la foule de ses gestes et de sa voix caractéristique, un jeune homme de 20 ans, Thomas Matthew Crooks, prenait position sur le toit d'un immeuble voisin. Armé d'un fusil de gros calibre, il attendait le moment propice pour tirer. L'atmosphère était chargée, la tension palpable.

Puis, le coup de feu éclata. Une balle fusa à travers l'air chaud, visant directement Trump. Mais, comme par miracle, Trump tourna légèrement la tête à la dernière seconde, et la balle ne fit qu'effleurer son oreille. L'instant semblait figé dans le temps, les regards se tournèrent vers l'origine du coup de feu, et la panique commença à s'emparer de la foule.

La sécurité réagit immédiatement. Des agents montèrent en scène, entourant Trump, tandis que d'autres se lançaient à la poursuite de Crooks. Rapidement maîtrisé, Crooks fut arrêté, mettant fin à une attaque qui aurait pu changer le cours de l'histoire américaine.

L'onde de choc se propagea rapidement à travers le pays. Les télévisions, radios et réseaux sociaux diffusèrent l'information en boucle, et les Américains, stupéfaits, suivirent les événements avec une inquiétude croissante. Cette tentative d'assassinat, la plus grave depuis celle contre Ronald Reagan en 1981, secoua la nation tout entière.

Les alliés de Trump furent les premiers à réagir, dénonçant l'attaque comme le résultat des divisions politiques exacerbées par ses opposants. Ils pointèrent du doigt la rhétorique violente et les tensions croissantes, appelant à un retour au calme et à la paix. De l'autre côté, les adversaires politiques utilisèrent l'incident pour souligner la nécessité d'un dialogue plus pacifique et d'une diminution des tensions.

L'incident souleva également des questions cruciales sur la sécurité des personnalités publiques. Comment Crooks avait-il pu se procurer une arme de gros calibre et atteindre une position stratégique sans être détecté ? Des experts en sécurité furent consultés, et des mesures plus strictes furent envisagées pour protéger les figures politiques.

La tentative d'assassinat sur Trump illustra parfaitement les divisions politiques profondes qui caractérisent les États-Unis d'aujourd'hui. Trump, une figure polarisante, suscitait des émotions intenses, tant de soutien que de haine. L'attaque de Crooks était un symptôme des tensions politiques et sociales accrues, et elle mettait en lumière la radicalisation croissante et la violence politique.

Les médias et les réseaux sociaux jouèrent un rôle crucial dans la diffusion de l'information et la formation de l'opinion publique. Cette tentative d'assassinat souligna la responsabilité des plateformes de communication dans la modération des discours violents et extrêmes, et la nécessité de promouvoir un dialogue politique constructif.

Le 13 juillet 2024, Butler, en Pennsylvanie, devint le théâtre d'un événement qui resterait gravé dans les mémoires. La tentative d'assassinat sur Donald Trump ne fut pas seulement un incident isolé, mais un miroir reflétant les tensions profondes et les défis auxquels les États-Unis étaient confrontés. Cet événement marqua un tournant, rappelant à tous l'importance de la sécurité, du dialogue et de la paix dans un monde de plus en plus divisé.

## 2-REACTION IMMEDIATE DE TRUMP ET DE SON ENTOURAGE

Suite à l'incident, Donald Trump a été rapidement entouré et évacué par les agents des services secrets. La sécurité autour de la zone a été renforcée, et les autorités locales ont immédiatement lancé une enquête approfondie pour comprendre les motivations de l'assaillant, Crooks. Malgré l'urgence de la situation, Trump a montré une détermination inébranlable et a rapidement repris le contrôle des événements.

Sur son compte Truth Social, Trump a exprimé sa gratitude envers Dieu pour avoir empêché "l'impensable". Il a encouragé ses partisans à rester résilients dans leur foi, soulignant l'importance de la persévérance et de la solidarité dans des moments de crise. Cette déclaration publique a été perçue comme un moyen de galvaniser et de rassurer ses soutiens, en montrant qu'il restait fort et déterminé malgré l'attaque.

L'entourage de Trump, comprenant les membres de sa famille et ses conseillers proches, a réagi avec un mélange de choc et de solidarité. Melania Trump, sa femme, a exprimé sa gratitude pour la protection divine et son soutien indéfectible à son mari. Ses paroles ont résonné comme un message de réconfort pour la base de soutien de Trump, soulignant l'importance de la famille et de la foi en des temps difficiles.

Les conseillers de Trump ont immédiatement commencé à ajuster leurs stratégies de sécurité et de communication pour gérer les répercussions de cet événement dramatique. La réévaluation des mesures de sécurité a été une priorité pour éviter toute récidive et assurer la protection continue de Trump. Sur le plan de la communication, l'équipe a travaillé à façonner le récit de l'incident de manière à renforcer l'image de Trump en tant que leader résilient et protégé par la providence.

Cette gestion de crise, mêlant foi, détermination et stratégie, a permis à Trump et à son entourage de transformer une situation potentiellement déstabilisante en une démonstration de force et de résilience. Leur réponse rapide et coordonnée a montré leur capacité à naviguer des situations de haute tension tout en maintenant un message cohérent et rassurant pour leurs partisans.

## 3-ANALYSE DES CIRCONSTANCES ET DES REACTIONS DU PUBLIC

Les circonstances entourant la tentative d'assassinat soulèvent plusieurs questions importantes. Comment Crooks a-t-il pu se procurer une arme de gros calibre et accéder à une position de tir si proche de Trump ? Quelle était sa motivation, et comment a-t-il pu échapper à la surveillance des services secrets ? Ces questions ont conduit à une enquête approfondie et à des débats nationaux sur la sécurité des personnalités publiques.

Le public, quant à lui, a réagi de manière variée. Les partisans de Trump ont vu cet incident comme une preuve supplémentaire de la persécution dont il serait victime et ont renforcé leur soutien, invoquant souvent des motifs religieux et patriotiques. Les opposants politiques, bien que dénonçant la violence, ont également exprimé des préoccupations concernant l'escalade de la rhétorique et des tensions politiques dans le pays.

Les médias ont largement couvert l'événement, analysant chaque détail et spéculant sur les implications politiques et sociales. Des experts en sécurité ont été invités à commenter les failles de la sécurité et à proposer des améliorations.

Les discussions ont également porté sur la polarisation croissante de la société américaine et la nécessité de trouver des moyens de réduire la violence politique.

En conclusion, cet événement a non seulement marqué un tournant dans la campagne de Donald Trump, mais il a également mis en lumière les défis persistants en matière de sécurité des personnalités publiques et de polarisation politique. La réaction de Trump, en attribuant sa survie à une intervention divine, a renforcé sa position parmi ses partisans et a ouvert un débat plus large sur le rôle de la foi en politique. Ce chapitre offre une base solide pour explorer ces thèmes en profondeur dans les chapitres suivants.

# CHAPITRE 2

# LA FOI DE TRUMP

<h1 style="text-align:center">1-EXAMEN DES DECLARATIONS DE TRUMP SUR L'INTERVENTION DIVINE</h1>

Le 13 juillet 2024, après avoir survécu à une tentative d'assassinat, Donald Trump a attribué sa survie à une intervention divine en écrivant sur son compte Truth Social : « Merci à tous pour vos pensées et vos prières hier, car c'est Dieu seul qui a empêché l'impensable de se produire. » Cette déclaration reflète une reconnaissance personnelle et une expression de foi en une force supérieure qui aurait protégé sa vie.

Trump a souvent intégré des éléments religieux dans ses discours, surtout lors d'événements marquants de sa vie personnelle et politique, en faisant appel à la foi comme source de force et de réconfort. Cette dernière déclaration renforce l'idée qu'il se considère comme protégé et guidé par une volonté supérieure, ce qui résonne particulièrement parmi ses partisans, solidifiant leur loyauté.

La conviction de Trump en une intervention divine peut être examinée à la lumière de différentes perspectives théologiques. Certains théologiens pourraient voir cette déclaration comme une affirmation de la Providence divine, où Dieu agit activement dans le monde pour réaliser ses desseins, perspective couramment acceptée dans les traditions chrétiennes plus conservatrices.

D'autres pourraient interpréter cette déclaration à travers le prisme de la souveraineté divine, suggérant que Dieu, en tant qu'entité toute-puissante, contrôle tous les événements, y compris ceux de la vie humaine. L'accent mis par Trump sur la prière et la foi personnelle peut également être analysé sous l'angle de la théologie de l'expérience religieuse personnelle, mettant en avant la relation individuelle avec Dieu et son influence sur la perception des événements quotidiens.

Sur le plan politique et social, cette déclaration peut renforcer l'idée d'une mission quasi-messianique parmi ses partisans, intensifiant leur soutien et leur mobilisation. Toutefois, elle peut être critiquée par ceux qui perçoivent une instrumentalisation de la religion à des fins politiques. Pour ses partisans, l'idée que Trump est protégé par une force divine pourrait renforcer leur engagement et leur détermination à le soutenir, même en période de crise, tandis que les critiques pourraient y voir une tentative de manipulation religieuse.

Cette déclaration pourrait également contribuer à la polarisation sociale, en exacerbant les divisions entre ceux qui soutiennent Trump et ceux qui le critiquent, notamment sur des bases religieuses et idéologiques. En conclusion, la déclaration de Donald Trump sur l'intervention divine après la tentative d'assassinat du 13 juillet 2024 est une manifestation de sa croyance en une protection et une guidance divines, avec des répercussions importantes tant sur le plan théologique que politique, en renforçant la perception de Trump comme un leader providentiel parmi ses partisans et en suscitant des débats sur l'usage de la religion dans la sphère publique.

## 2-CONTEXTE DE LA FOI PERSONNELLE DE TRUMP

La foi de Donald Trump est un sujet complexe et souvent débattu, impliquant une combinaison d'influences personnelles, politiques et sociales.

Élevé dans une famille presbytérienne, il a fréquenté l'église de Marble Collegiate à New York où le célèbre pasteur Norman Vincent Peale prêchait. Peale, auteur de "The Power of Positive Thinking", mettait l'accent sur le pouvoir de la pensée positive pour surmonter les défis personnels et professionnels, influençant probablement la vision du monde de Trump centrée sur le succès personnel et la confiance en soi.

Avant sa présidence, Trump n'était pas particulièrement connu pour une religiosité intense, mais il maintenait une affiliation nominale avec le christianisme, participant à des cérémonies religieuses lors d'occasions spéciales et exprimant parfois des références religieuses dans ses discours. Avec son élection à la présidence, Trump a renforcé ses liens avec les leaders évangéliques et a fréquemment invoqué la religion dans ses discours et politiques. Il a activement cultivé le soutien des leaders évangéliques, souvent consultés pour leurs conseils et leur soutien, parmi eux des figures influentes comme Jerry Falwell Jr., Franklin Graham, et Paula White.

Trump a signé des ordres exécutifs favorisant la liberté religieuse, tels que la protection des groupes religieux contre la discrimination et le renforcement des droits des employeurs religieux, et a nommé des juges conservateurs à la Cour suprême, ce qui a eu un impact durable sur les décisions liées à la liberté religieuse et aux valeurs chrétiennes traditionnelles.

Il a souvent invoqué la religion dans ses discours, se présentant comme un défenseur des valeurs chrétiennes traditionnelles, soutenant des initiatives comme l'abrogation de l'amendement Johnson qui limite l'implication politique des organisations religieuses, et promouvant des politiques anti-avortement. Les politiques et les discours de Trump ont conduit à un soutien massif de la part de la communauté évangélique américaine, avec une majorité significative des évangéliques blancs votant pour lui en 2016 et 2020 en raison de ses positions sur des questions sociales et morales.

Malgré ce soutien, la foi personnelle de Trump a été critiquée et remise en question par certains observateurs, soulignant des aspects de sa vie privée et publique qui semblent en décalage avec les principes moraux et éthiques du christianisme. Les critiques ont conduit à des débats sur la sincérité de ses convictions religieuses.

La foi de Donald Trump, bien que sujette à débat, a joué un rôle significatif dans sa présidence. Son alignement avec les leaders évangéliques et sa promotion des valeurs chrétiennes traditionnelles ont renforcé son soutien parmi les chrétiens conservateurs, influençant ainsi la politique américaine contemporaine. Cependant, la complexité et les contradictions apparentes de sa foi personnelle continuent de susciter des discussions et des analyses approfondies.

### 3-LA RELIGION DANS LA VIE PUBLIQUE DE TRUMP

Dans sa vie publique, Donald Trump a utilisé la religion non seulement comme une source personnelle de réconfort, mais aussi comme un outil politique puissant. Sa présidence a été marquée par des gestes symboliques forts envers les chrétiens évangéliques et d'autres groupes religieux conservateurs. Par exemple, son administration a déplacé l'ambassade américaine en Israël de Tel-Aviv à Jérusalem, une décision largement soutenue par les chrétiens évangéliques.

Trump a également fréquemment participé à des prières publiques, a cité des passages bibliques dans ses discours et a accueilli des leaders religieux à la Maison Blanche. Ces actions ont contribué à consolider son image de leader soutenant les valeurs religieuses et ont renforcé sa base de partisans parmi les croyants.

Un autre aspect notable de la relation de Trump avec la religion est son utilisation des symboles et de la rhétorique religieuse pour unifier et mobiliser ses partisans. Lors de rassemblements, il a souvent évoqué la protection divine, appelant à la prière et insistant sur l'importance de la foi en des moments de crise nationale. Cette approche a non seulement galvanisé ses partisans, mais a aussi attiré les critiques de ceux qui voient dans cette utilisation de la religion un outil politique plutôt qu'une expression authentique de croyance personnelle.

En conclusion, la foi de Donald Trump, bien que souvent sujette à interprétation et débat, a joué un rôle central dans sa vie publique et politique. Sa capacité à invoquer la religion dans des moments clés, comme après la tentative d'assassinat, démontre non seulement une croyance personnelle, mais aussi une compréhension profonde de l'importance de la foi pour une large partie de son électorat. Ce chapitre met en lumière la manière dont Trump a utilisé sa foi pour naviguer dans des moments de crise, renforcer sa base et façonner son image publique.

# CHAPITRE 3

**PARALLELES HISTORIQUES**

# 1-LA TENTATIVE D'ASSASSINAT DE RONALD REAGAN EN 1981

L'analyse de la tentative d'assassinat de Ronald Reagan en 1981 et ses conséquences offre une perspective riche sur la manière dont un événement traumatisant peut influencer non seulement un individu, mais aussi une nation entière. Voici une exploration plus approfondie de cet événement sous plusieurs angles :

## Contexte de la tentative d'assassinat

Le 30 mars 1981, le 40e président des États-Unis, Ronald Reagan, fut victime d'une tentative d'assassinat qui marqua profondément l'histoire politique américaine. Cette journée fatidique commença de manière routinière pour Reagan, qui venait de prononcer un discours à l'hôtel Washington Hilton, un lieu souvent utilisé pour des événements de ce genre en raison de sa configuration sécurisée et de sa proximité avec la Maison-Blanche. Cependant, les événements prirent une tournure dramatique peu de temps après son départ de l'hôtel.

John Hinckley Jr., un homme perturbé obsédé par l'actrice Jodie Foster, était à l'affût. Convaincu que tuer le président attirerait l'attention de Foster, Hinckley avait élaboré un plan macabre pour assassiner Reagan. Son obsession pour Foster avait atteint un point pathologique, alimentée par des fantasmes et des lettres qu'il lui avait écrites sans jamais recevoir de réponse.

Alors que Reagan quittait l'hôtel, Hinckley se fraya un chemin dans la foule, armé d'un revolver .22 LR Rohm RG-14. À 14 h 27, il tira six coups de feu en l'espace de quelques secondes. La scène qui suivit fut chaotique et terrifiante. Reagan fut touché par une balle qui ricocha sur la limousine présidentielle, pénétrant son poumon gauche et s'arrêtant à quelques centimètres de son cœur. Malgré la gravité de sa blessure, Reagan parvint à marcher jusqu'à la voiture avant de s'effondrer, manifestant une remarquable résilience et un calme étonnant dans des circonstances aussi désastreuses.

L'attaché de presse James Brady, l'agent des services secrets Timothy McCarthy et l'officier de police Thomas Delahanty furent également blessés dans l'attaque. Brady fut gravement atteint à la tête, une blessure qui le laissa partiellement paralysé et fit de lui un militant influent pour le contrôle des armes à feu. McCarthy, touché à l'abdomen, et Delahanty, blessé au cou, survécurent également à l'attaque mais avec des séquelles physiques significatives.

La réponse immédiate des services secrets et des forces de l'ordre fut cruciale pour limiter le nombre de victimes et sécuriser la zone. Hinckley fut rapidement maîtrisé et arrêté sur les lieux, mettant ainsi fin à une attaque qui aurait pu être encore plus meurtrière. L'incident souleva des questions pressantes sur la sécurité présidentielle et conduisit à des révisions des protocoles de protection des hauts fonctionnaires.

L'attaque eut également un impact significatif sur la politique américaine. L'héroïsme de Reagan, qui plaisanta même avec les médecins avant d'entrer en chirurgie en disant "J'espère que vous êtes tous républicains", contribua à renforcer son image publique et sa popularité. Sa rapide récupération et son retour à ses fonctions symbolisèrent une force et une détermination qui marquèrent son mandat.

La tentative d'assassinat sur Reagan par John Hinckley Jr. est un rappel poignant des dangers auxquels les dirigeants politiques peuvent être confrontés. Elle mit en lumière les défis persistants de la sécurité présidentielle et les conséquences tragiques des obsessions individuelles non contrôlées. La résilience de Reagan face à cette épreuve et les répercussions de l'attaque sur la politique de contrôle des armes à feu et la sécurité nationale restent des aspects essentiels de cette sombre journée de l'histoire américaine.

**Les blessures de Reagan et sa résilience**

Le 30 mars 1981, le président Ronald Reagan a été victime d'une tentative d'assassinat alors qu'il sortait d'un discours à l'hôtel Hilton de Washington, D.C. John Hinckley Jr. a tiré six coups de feu, dont l'un a touché Reagan, perforant son poumon gauche et s'arrêtant à quelques centimètres de son cœur. Cet incident a non seulement mis en lumière la fragilité de la sécurité présidentielle, mais a également révélé la résilience extraordinaire de Reagan.

Transporté d'urgence à l'hôpital George Washington, Reagan a fait preuve d'un calme et d'un humour qui ont marqué tous ceux qui l'entouraient. À son arrivée aux urgences, sa première préoccupation a été de rassurer son épouse Nancy. "Chérie, j'ai oublié de me baisser", lui a-t-il dit, une plaisanterie qui témoignait de son esprit vif même sous une pression immense. Son sens de l'humour a continué à briller alors qu'il plaisantait avec les médecins et les infirmières, leur demandant : "J'espère que vous êtes tous républicains".

Cette attitude décontractée et courageuse a eu un effet apaisant sur l'équipe médicale et le personnel de l'hôpital, qui étaient naturellement inquiets pour le président. Mais au-delà de l'humour, Reagan a démontré une force mentale remarquable. Il a enduré la douleur et l'incertitude de la situation sans jamais montrer de signes de panique. Cette résilience était en partie attribuable à son passé d'acteur, qui l'avait préparé à maintenir son sang-froid sous les feux des projecteurs, et en partie à son caractère intrinsèque, forgé par des années de leadership et de gestion de crises.

Après une opération réussie pour retirer la balle et stabiliser ses blessures, Reagan a commencé un processus de récupération rapide. Son retour à la Maison Blanche moins de deux semaines après l'attentat a été perçu comme un témoignage de sa détermination et de sa volonté de surmonter l'adversité. Ce retour rapide a aussi envoyé un message puissant au public américain et aux leaders mondiaux : Reagan était non seulement physiquement résilient, mais aussi mentalement fort, prêt à continuer à diriger le pays malgré les défis personnels.

Les blessures de Reagan ont également eu un impact profond sur la politique américaine. Elles ont conduit à des révisions des protocoles de sécurité présidentielle, renforçant les mesures de protection autour des dirigeants. De plus, l'incident a suscité une vague de sympathie et de soutien pour Reagan, renforçant sa popularité et consolidant son image de leader fort et courageux.

En somme, la réaction de Reagan à l'attentat du 30 mars 1981 a mis en lumière sa résilience exceptionnelle. Son humour, son calme et sa détermination à récupérer rapidement ont non seulement rassuré ceux qui l'entouraient, mais ont également solidifié sa réputation de leader imperturbable. Cet épisode a montré que, même dans les moments les plus sombres, Reagan était capable de faire preuve de force et de grâce, inspirant ceux qui l'entouraient et démontrant qu'il était prêt à surmonter toutes les épreuves pour continuer à servir son pays.

**Influence de l'événement sur Reagan et sa présidence**

Impact personnel et spirituel

La tentative d'assassinat du 30 mars 1981 a profondément marqué Ronald Reagan, tant sur le plan personnel que spirituel. Blessé par balle, il a frôlé la mort et a été transporté d'urgence à l'hôpital. Cet événement a renforcé sa foi personnelle et a influencé son approche du leadership, en mettant davantage l'accent sur des valeurs morales et spirituelles.

Dans son journal, Reagan a écrit : « Quoi qu'il arrive maintenant, je dois ma vie à Dieu et j'essaierai de le servir de toutes les manières possibles. » Cette expérience proche de la mort a été un moment de réflexion intense pour lui, le conduisant à voir sa présidence comme une mission divine. Il a souvent parlé de ce jour comme d'un tournant spirituel, voyant sa survie comme un signe qu'il avait encore un travail important à accomplir pour le pays.

Conséquences politiques et publiques

Sur le plan politique, la tentative d'assassinat a eu des répercussions majeures. La manière dont Reagan a géré l'incident a renforcé sa popularité et a consolidé son image de président fort et résilient. Sa récupération rapide et son retour au travail ont inspiré confiance et admiration parmi le public américain.

L'événement a également permis à Reagan de gagner en sympathie et en soutien, non seulement de la part de ses partisans mais aussi de ses opposants politiques. Cela a facilité l'adoption de certaines de ses politiques clés, car le Congrès et le public étaient plus enclins à le soutenir après avoir vu sa détermination et son courage face à l'adversité.

La sécurité présidentielle et les réformes

La tentative d'assassinat de Reagan a mis en lumière les failles de la sécurité présidentielle. Cet événement a conduit à une réévaluation et à une amélioration des protocoles de protection des dirigeants américains. Les services secrets ont révisé leurs méthodes, adoptant des mesures plus strictes pour prévenir de tels incidents à l'avenir.

Des réformes significatives ont été mises en place pour assurer une meilleure protection des présidents futurs. Cela comprenait une augmentation du nombre d'agents de sécurité, une amélioration de la coordination avec les forces de l'ordre locales, et une utilisation accrue des technologies de surveillance et de communication.

Conclusion

La tentative d'assassinat de Ronald Reagan en 1981 est un événement marquant de l'histoire américaine, non seulement pour l'acte violent lui-même, mais aussi pour la réponse du président et les conséquences durables sur sa présidence. Cet incident a montré la capacité de Reagan à surmonter l'adversité avec courage et grâce, influençant sa vision politique et spirituelle. La résilience qu'il a démontrée a non seulement renforcé sa propre foi, mais a également inspiré une nation entière, laissant un héritage de force et de détermination face à la menace et à la violence.

## 2-AUTRES EXEMPLES HISTORIQUES DE LEADERS AYANT ATTRIBUE LEUR SURVIE A DIEU

D'autres exemples historiques de leaders attribuant leur survie à une intervention divine incluent:

1. George Washington: Le premier président des États-Unis a souvent fait référence à la Providence dans ses discours et correspondances. Il croyait fermement que Dieu avait joué un rôle crucial dans la victoire des États-Unis lors de la Révolution américaine, ainsi que dans l'établissement de la nouvelle nation. George Washington, le premier président des États-Unis, est largement reconnu pour sa foi en la Providence divine, une croyance profonde qui a profondément influencé sa vision du rôle de Dieu dans l'histoire de la nation américaine naissante. À travers ses discours et ses correspondances, Washington a régulièrement fait référence à cette croyance, affirmant que Dieu avait joué un rôle crucial dans les événements marquants de la Révolution américaine et dans l'établissement des fondements de la nouvelle nation.

Pour Washington, la Providence n'était pas simplement une notion abstraite, mais une force active et bienveillante qui avait guidé les États-Unis à travers les défis tumultueux de leur quête d'indépendance. Dans ses écrits, il exprimait souvent sa gratitude envers Dieu pour les succès militaires et politiques des Américains contre les forces britanniques, décrivant ces succès comme des signes de la bienveillance divine. Par exemple, dans une lettre à John Hancock en 1777, Washington écrit : "Le destin de la nation n'est pas moins extraordinaire que sa naissance. Les signes de la bienveillance divine envers nous ne manquent pas."

Lors de moments critiques de la guerre d'indépendance, Washington avait l'habitude de se retirer pour prier et chercher la guidance divine. Sa confiance en la Providence était profonde, influençant non seulement sa propre détermination mais aussi celle des troupes qu'il commandait. Il croyait que la liberté et la réussite des États-Unis étaient intrinsèquement liées à la volonté de Dieu et à la poursuite de la justice et de la vertu par la nation.

Après la guerre, lorsque les délégués se sont réunis pour rédiger la Constitution, Washington a continué à invoquer la Providence dans ses discours publics, soulignant la nécessité d'une direction divine pour garantir la stabilité et la prospérité de la jeune république. Dans son discours d'adieu en 1796, il a averti ses concitoyens des dangers de la division politique et a encouragé l'unité nationale sous la protection bienveillante de Dieu.

En conclusion, George Washington était non seulement un leader politique et militaire remarquable, mais aussi un homme profondément religieux qui croyait fermement en la Providence divine. Sa conviction que Dieu avait guidé et soutenu les États-Unis à travers leur lutte pour l'indépendance et dans la fondation de leur gouvernement reflète une perspective théiste qui a influencé de manière significative le développement de la nation américaine. Sa foi en la Providence continue d'être un aspect central de son héritage, rappelant l'importance de la foi et de la détermination dans la construction d'une nation libre et prospère.

2. Joan of Arc: Conduisant les forces françaises pendant la guerre de Cent Ans, Joan of Arc croyait recevoir des instructions divines directes qui l'ont aidée à remporter plusieurs batailles cruciales. Son rôle dans la libération d'Orléans en 1429 est souvent attribué à une intervention divine.

Jeanne d'Arc, ou Joan of Arc, reste une figure captivante de l'histoire, célèbre pour son rôle essentiel pendant la guerre de Cent Ans, notamment en conduisant les forces françaises contre la domination anglaise. Née à Domrémy, en France, vers 1412, Jeanne affirmait que des directives divines guidaient ses actions, façonnant son destin et influençant des victoires militaires cruciales.

En 1428, au milieu des tumultes de la guerre, Jeanne, poussée par ce qu'elle décrivait comme des visions et des voix de saints, ressentit le besoin irrésistible d'aider le Dauphin Charles VII, affirmant que sa mission divine était de délivrer la France du contrôle anglais. Cette conviction la conduisit à demander audience auprès de Charles VII, obtenant finalement la permission de rejoindre la campagne militaire pour lever le siège de la ville assiégée d'Orléans.

Le leadership de Jeanne et son inspiration divine se manifestèrent de manière notable pendant le siège d'Orléans en 1429. Malgré son inexpérience dans les affaires militaires, sa présence et sa ferveur galvanisèrent les troupes françaises. Des témoins attestent que son acuité stratégique et son attitude intrépide sur le champ de bataille renforcèrent le moral et inspirèrent un renouveau d'espoir parmi les défenseurs accablés. Le tournant décisif survint lorsque Jeanne, guidée selon les récits par ses visions, dirigea des actions militaires qui brisèrent efficacement le siège anglais, assurant une victoire cruciale qui changea le cours de la guerre en faveur des Français.

La libération d'Orléans marqua l'émergence de Jeanne comme un symbole militaire et spirituel. Sa foi inébranlable en sa mission divine lui valut le surnom de "Pucelle d'Orléans" et renforça son influence aussi bien parmi les gens ordinaires que parmi les nobles. Les succès ultérieurs, y compris le couronnement de Charles VII à Reims, consolidaient encore davantage son rôle de figure clé de l'histoire française.

Cependant, le parcours de Jeanne ne fut pas sans épreuves. En 1430, elle fut capturée par les forces bourguignonnes et vendue aux Anglais. Son procès et son exécution en 1431 par un tribunal ecclésiastique soulevèrent des questions sur l'hérésie et les manœuvres politiques. Malgré sa fin tragique, le héritage de Jeanne perdura. En 1456, l'Église catholique annula sa condamnation, la reconnaissant comme martyre, et la canonisa en 1920.

L'histoire de Jeanne d'Arc résonne à travers les siècles comme un témoignage de l'intersection entre la foi, le courage et la conviction. Sa croyance en la guidance divine a non seulement façonné son parcours personnel, mais a aussi influencé le cours d'une guerre qui a marqué l'Europe médiévale. Par ses actions, Jeanne incarna le pouvoir durable de la foi dans les moments d'adversité, inspirant des générations par sa bravoure remarquable et son engagement indéfectible envers ce qu'elle considérait comme sa mission divine.

En conclusion, le leadership de Jeanne d'Arc pendant la guerre de Cent Ans, guidé par sa profonde foi en l'intervention divine, demeure un exemple captivant de la manière dont la conviction spirituelle peut influencer les événements historiques et inspirer une admiration durable. Son rôle décisif dans la libération d'Orléans et son impact subséquent sur l'histoire française soulignent son héritage en tant que symbole de courage, de foi et de poursuite de la destinée divine au milieu des tourments de la guerre.

3. Nelson Mandela: Pendant ses 27 années d'emprisonnement, Mandela a souvent trouvé réconfort et force dans sa foi chrétienne, qu'il considérait comme cruciale pour son endurance et sa résilience face à l'apartheid en Afrique du Sud.

Après sa libération, il a parlé de la main de Dieu dans le processus de réconciliation nationale.

En effet, Nelson Mandela, icône mondiale de la lutte contre l'apartheid en Afrique du Sud, a vécu une vie marquée par la résilience, le courage et la foi. Pendant ses 27 années d'emprisonnement, Mandela a trouvé un réconfort profond dans sa foi chrétienne, une force intérieure cruciale qui a alimenté son endurance face à l'oppression brutale du régime apartheid.

Pour Mandela, sa foi n'était pas seulement une croyance personnelle, mais une source de résilience face à l'adversité. Enfermé dans une cellule austère à Robben Island, il trouvait dans sa relation avec Dieu un refuge contre la désespérance et un motif d'espoir. Sa foi chrétienne lui a donné la conviction que la justice et la liberté triompheraient finalement sur l'oppression et la discrimination raciale.

Après sa libération en 1990, Mandela n'a pas seulement forgé une carrière politique remarquable, mais il a également incarné les principes de réconciliation et de pardon. Il a suivi une voie de paix plutôt que de vengeance, une approche qui a surpris beaucoup de ses partisans et de ses adversaires. Mandela a attribué une grande partie de cette philosophie de réconciliation à sa foi chrétienne. Pour lui, la réconciliation nationale était une mission inspirée par sa conviction religieuse en la dignité et en la valeur de chaque individu, indépendamment de la race ou de l'origine.

Dans ses discours et ses écrits, Mandela a souvent parlé de la main de Dieu dans le processus de réconciliation nationale en Afrique du Sud. Il a vu sa libération non seulement comme un triomphe personnel, mais aussi comme une manifestation de la justice divine. Sa foi a été un guide moral constant tout au long de sa vie, influençant ses actions et ses décisions politiques.

En conclusion, Nelson Mandela reste un exemple vivant de la façon dont la foi peut inspirer et guider même dans les moments les plus sombres de l'histoire. Sa foi chrétienne lui a donné la force intérieure nécessaire pour persévérer pendant ses années d'emprisonnement et pour promouvoir la réconciliation et l'unité nationale après sa libération. Mandela a montré au monde que la foi peut être une force puissante pour le bien, capable de transformer les cœurs et de guider les nations vers la justice et la paix.

Ces exemples illustrent comment la foi et la croyance en une intervention divine ont influencé non seulement les croyances personnelles des leaders, mais aussi leur perception de l'histoire et leur leadership.

## 3-ANALYSE COMPARATIVE DES REACTIONS ET DES DISCOURS

Comparant les réactions de Trump et Reagan, on observe plusieurs similitudes et différences notables. Tous deux ont attribué leur survie à une intervention divine, renforçant ainsi leur image de leaders protégés par une force supérieure. Reagan a utilisé cette expérience pour intensifier son engagement envers les valeurs chrétiennes, tandis que Trump a utilisé sa survie pour renforcer son message de résilience et d'unité nationale.

Les discours de Reagan après l'attentat étaient empreints de gratitude et de pardon. Il a exprimé son pardon à Hinckley et a souligné la nécessité de la compassion et du pardon chrétien. En revanche, Trump, tout en exprimant sa gratitude, a adopté un ton plus combatif, appelant ses partisans à rester résilients et unis face à la méchanceté. Cette différence de ton reflète les styles de leadership distincts de ces deux présidents.

Les réactions publiques à ces tentatives d'assassinat ont également révélé des tendances intéressantes. La tentative contre Reagan a suscité une vague de soutien et de sympathie à travers le pays, renforçant sa position politique. Les Américains ont été impressionnés par son courage et son humour face à l'adversité. La tentative contre Trump, en revanche, a amplifié les divisions existantes dans la société américaine. Ses partisans ont vu cela comme une attaque contre leur mode de vie et leurs valeurs, tandis que ses opposants ont exprimé des inquiétudes concernant l'escalade de la violence politique.

D'autres leaders historiques ont également utilisé des expériences de survie miraculeuse pour renforcer leur légitimité et leur autorité. Par exemple, le roi Charles II d'Angleterre a survécu à plusieurs tentatives d'assassinat et a souvent parlé de la protection divine qui l'avait sauvé. Ces récits ont contribué à façonner l'image publique de ces leaders et à renforcer leur emprise sur le pouvoir.

En conclusion, les tentatives d'assassinat contre des leaders comme Reagan et Trump illustrent comment des expériences de survie peuvent être interprétées comme des interventions divines et utilisées pour renforcer l'autorité et l'influence. Les réactions et les discours de ces leaders après de tels événements montrent comment la foi et la religion peuvent jouer un rôle central dans la gestion de crises et la mobilisation des soutiens. Ce chapitre met en lumière les parallèles historiques et les leçons que l'on peut en tirer pour comprendre la dynamique actuelle entre foi, leadership et politique.

# CHAPITRE 4

# LES REACTIONS PUBLIQUES

# 1-REACTIONS DES PARTISANS DE TRUMP

Les partisans de Donald Trump ont réagi avec une émotion intense et une conviction renouvelée après la tentative d'assassinat. Cet événement dramatique a renforcé leur croyance en lui en tant que leader exceptionnel, protégé par une intervention divine. Sur les réseaux sociaux, les messages de soutien et de gratitude à Dieu ont afflué, accompagnés de prières et de déclarations d'amour pour Trump. Des rassemblements spontanés de prières et de vigiles ont eu lieu dans plusieurs villes américaines, où les partisans ont exprimé leur gratitude pour sa survie. Les partisans de Donald Trump ont réagi avec une émotion intense et une conviction renouvelée après la tentative d'assassinat contre lui. Cet événement dramatique a profondément impacté leur perception de Trump, renforçant leur croyance en lui en tant que leader exceptionnel, protégé par une intervention divine. Sur les réseaux sociaux, une vague massive de messages de soutien et de gratitude à Dieu a déferlé, accompagnée de prières et de déclarations d'amour pour Trump. L'attaque contre Trump a catalysé une réponse émotionnelle puissante parmi ses partisans. Pour beaucoup, cet événement tragique a renforcé leur conviction que Trump incarne un leadership fort et divinement soutenu. Sur Twitter, Facebook et d'autres plateformes, les partisans ont exprimé leur gratitude envers Dieu pour avoir protégé Trump et ont souligné leur croyance en sa mission politique. Les messages étaient empreints d'une admiration fervente, certains décrivant Trump comme un instrument choisi pour un but plus grand. En réponse à cet événement, des rassemblements spontanés de prières et de vigiles ont émergé à travers plusieurs villes américaines. Ces rassemblements ont servi de points de convergence pour les partisans, offrant un espace pour exprimer collectivement leur gratitude pour la survie de Trump. Les participants ont invoqué des prières de protection continue et ont partagé des témoignages personnels de l'impact que Trump a eu sur leurs vies et sur la nation. Les réactions des partisans de Trump reflètent une fusion profonde entre politique et spiritualité, où la figure de Trump est perçue non seulement comme un leader politique mais aussi comme un symbole de défense contre les forces perçues comme hostiles à leurs valeurs et à leur vision de l'Amérique. Pour beaucoup, l'attaque a cristallisé l'idée que Trump est une figure providentielle, guidée et préservée par une intervention divine dans un moment de danger.

L'événement en question, souvent interprété comme une confirmation divine de la cause et de la droiture de Trump, a profondément galvanisé ses partisans. Pour ces derniers, la survie de Trump a été perçue non seulement comme un miracle, mais aussi comme une preuve tangible de sa destinée à guider la nation. Cette interprétation a été largement soutenue par des leaders religieux influents déjà alliés à Trump, qui ont utilisé leurs sermons et leurs plateformes médiatiques pour renforcer ce narratif. Lors de rassemblements et d'événements publics, des chants patriotiques et des hymnes religieux ont régulièrement retenti, contribuant à une atmosphère de ferveur religieuse et de patriotisme. Ces manifestations symbolisaient non seulement un soutien politique, mais aussi une conviction profonde en une intervention divine dans les affaires humaines. Pour beaucoup, la présence de ces éléments musicaux et spirituels a renforcé le lien entre la politique et la foi, consolidant ainsi l'idée que Trump était choisi pour une mission spéciale, quasi messianique, dans l'histoire américaine contemporaine.

Les récits de cette providence divine ont été amplifiés à travers les médias sociaux, où des anecdotes personnelles et des témoignages de participants ont nourri un récit collectif de protection divine. Ces récits ont également alimenté un sentiment de communauté parmi les partisans de Trump, renforçant leur détermination à soutenir son leadership. Cependant, cette fusion entre politique, religion et patriotisme n'a pas été sans critiques. Les détracteurs ont souligné que de telles interprétations divines peuvent polariser davantage une société déjà divisée. De plus, certains critiques ont remis en question la légitimité d'une telle interprétation théologique dans le domaine politique, craignant que cela ne brouille les lignes entre la séparation de l'église et de l'État.

En conclusion, l'interprétation de la survie de Trump comme un signe divin destiné à le guider dans son rôle politique a profondément influencé ses partisans. Cette conviction a été renforcée par des leaders religieux, des rassemblements vibrants et une diffusion virale sur les réseaux sociaux, créant une atmosphère où la politique, la religion et le patriotisme se sont entrelacés de manière puissante. Cette dynamique a non seulement renforcé le soutien à Trump mais a aussi illustré les tensions persistantes entre la foi, la gouvernance et la culture politique aux États-Unis.

## 2-REACTIONS DES OPPOSANTS POLITIQUES

Les opposants politiques de Trump ont condamné la violence et exprimé leur soulagement face à sa survie, tout en soulignant la nécessité de réduire la polarisation politique et la rhétorique incendiaire. Des figures politiques de premier plan ont appelé au calme et à la réflexion, avertissant que la montée des tensions politiques pourrait conduire à davantage de violence. Dans le tumulte politique qui a entouré l'attaque contre Donald Trump, ses opposants politiques ont réagi avec une condamnation unanime de la violence. Expressément soulagés par sa survie, ils ont néanmoins profité de l'occasion pour adresser un appel poignant à la nation : la nécessité urgente de réduire la polarisation politique et d'abandonner la rhétorique incendiaire qui menace de diviser davantage le pays.

Les voix éminentes de l'opposition ont utilisé cet événement comme une tribune pour promouvoir le calme et la réflexion. Ils ont mis en garde contre les conséquences désastreuses de la montée des tensions politiques, avertissant que ces tensions pourraient dégénérer en encore plus de violence si elles ne sont pas contenues rapidement. Ils ont souligné que la démocratie repose sur le respect mutuel et la capacité à résoudre les différends par le dialogue et les processus institutionnels, et non par la force brute ou la violence. Certains ont également souligné que l'attaque a été un rappel brutal des dangers de la rhétorique incendiaire et des discours de division qui ont caractérisé une grande partie de la politique récente.

Ils ont appelé à un changement radical dans la façon dont les leaders politiques et les médias abordent les questions politiques, mettant l'accent sur la nécessité de promouvoir un langage plus modéré et constructif qui puisse réunir plutôt que diviser. Enfin, ces figures politiques de premier plan ont exhorté les citoyens à se rappeler de l'importance fondamentale de la démocratie et de la paix civile. Ils ont encouragé chacun à être vigilant face aux signes de radicalisation et de polarisation croissantes au sein de la société, soulignant que la santé de la démocratie dépend de la capacité de tous les citoyens à s'engager dans un dialogue respectueux et à résister à la tentation de la violence comme moyen de résolution des conflits.

Cependant, certains opposants ont critiqué la manière dont Trump a utilisé cet événement pour galvaniser sa base. Ils ont accusé Trump de politiser l'incident en invoquant la protection divine et en appelant à la résilience contre le "mal", ce qui, selon eux, pourrait intensifier encore plus la division. Des débats ont émergé sur la sécurité des événements politiques et les mesures nécessaires pour protéger les personnalités publiques, avec des appels à des stratégies plus rigoureuses et coordonnées. L'exploitation par Trump de l'événement tragique pour mobiliser sa base a suscité des critiques acerbes. Ses détracteurs reprochent au président d'avoir politisé l'incident en l'entourant de connotations religieuses, invoquant la protection divine et exhortant à la résilience face au "mal". Cette approche, selon eux, risque d'exacerber les divisions déjà profondes au sein de la société américaine. En transformant un événement tragique en une plateforme pour renforcer son soutien politique, Trump a été accusé de sacrifier l'unité nationale sur l'autel de ses intérêts politiques immédiats.

Les débats qui ont suivi ont mis en lumière la question cruciale de la sécurité des événements politiques et la protection des personnalités publiques. L'incident a soulevé des inquiétudes quant à la vulnérabilité des leaders politiques lors de rassemblements publics. Certains ont appelé à des mesures de sécurité renforcées et mieux coordonnées pour prévenir de futurs incidents tragiques. Cela inclut des stratégies de sécurité plus rigoureuses, telles que l'augmentation de la présence policière, la mise en œuvre de contrôles d'accès plus stricts, et une surveillance accrue des menaces potentielles.

Les partisans de Trump, en revanche, ont défendu son discours comme une réponse appropriée à une tragédie nationale, soulignant son rôle de réconforteur en chef et de leader moral dans des moments de crise. Pour eux, ses références à la foi et à la résilience ont servi à unifier et à inspirer la nation face à l'adversité. Cependant, cette interprétation a été largement contestée, beaucoup estimant que l'utilisation de la rhétorique religieuse et politique dans de tels contextes est potentiellement polarisante et exploitative.

Sur les réseaux sociaux, les réactions aux actions de Trump ont été extrêmement diverses et révélatrices de la polarisation croissante au sein de la société américaine. Alors que certains exprimaient leur inquiétude face à l'escalade de la violence politique, d'autres critiquaient vivement Trump pour avoir utilisé la religion à des fins politiques. Pour de nombreux observateurs, l'utilisation par Trump de la religion comme outil politique a été perçue comme une manipulation cynique des croyances religieuses à des fins de gain politique. Cette approche a suscité des critiques virulentes, non seulement de la part de ses opposants politiques mais aussi de la part de certains commentateurs religieux qui ont souligné les dangers de mélanger la religion et la politique de manière aussi manifeste. Les discussions en ligne ont amplifié cette polarisation déjà existante. Les plateformes sociales ont souvent servi de champs de bataille virtuels où les partisans et les opposants de Trump se sont affrontés avec véhémence. Les échanges tendus ont souvent dégénéré en accusations mutuelles, chaque camp se renforçant dans ses convictions et souvent ignorant les points de vue divergents.

D'un côté, ceux qui s'inquiétaient de l'escalade de la violence politique exprimaient des préoccupations légitimes quant à l'impact potentiel des actions de Trump sur la stabilité sociale et politique du pays. Ils pointaient du doigt la rhétorique incendiaire et les décisions politiques controversées qui semblaient diviser davantage la nation. De l'autre côté, les critiques de l'utilisation de la religion comme outil politique accusaient Trump de manipuler les sentiments religieux à des fins électorales et de polarisation, sapant ainsi les principes de séparation entre l'Église et l'État et alimentant les tensions communautaires déjà exacerbées.

En somme, les réseaux sociaux ont agi comme un miroir grossissant de ces tensions politico-religieuses aux États-Unis. Ils ont permis à chacun de s'exprimer, mais ont également amplifié les divisions existantes, illustrant à la fois la richesse du débat public et les dangers de la polarisation extrême. Ces réactions diverses révèlent non seulement les clivages profonds au sein de la société américaine mais aussi la complexité des enjeux politiques et religieux qui continuent de façonner le paysage politique contemporain.

### 3-IMPACT SUR L'OPINION PUBLIQUE ET LES MEDIAS

L'impact de la tentative d'assassinat sur l'opinion publique américaine a été à la fois profond et complexe, révélant des dynamiques sociales et politiques cruciales. Immédiatement après l'incident, les sondages ont capturé une augmentation temporaire de la sympathie envers Donald Trump parmi certains segments de la population, principalement ceux qui le soutenaient déjà. Cette réaction peut être interprétée comme une manifestation de solidarité face à une menace violente contre une figure publique influente, renforçant ainsi les sentiments préexistants de loyauté et d'identification politique.

Cependant, l'événement a également exacerbé les divisions déjà profondes au sein de la société américaine. Les réactions à l'incident ont été largement polarisées, reflétant des perspectives diamétralement opposées sur la signification et les implications de cette tentative d'assassinat. Pour certains, cela a été perçu comme un symptôme alarmant de la violence politique croissante et de la polarisation extrême qui caractérisent la politique contemporaine aux États-Unis. Pour d'autres, cela a été exploité comme une occasion de renforcer le soutien envers Trump en présentant l'incident comme une preuve de sa persévérance face à l'adversité et comme une justification de ses politiques controversées.

L'impact médiatique de cette tentative d'assassinat a également été significatif. Les médias ont joué un rôle crucial dans la manière dont cet événement a été rapporté et interprété, influençant ainsi la perception du public et la formulation des opinions. Les commentaires des personnalités politiques, des experts en sécurité, et des analystes ont façonné le discours public, souvent exacerbant les clivages déjà existants. En outre, cet incident a soulevé des questions sur la sécurité des personnalités politiques et sur les tensions sociopolitiques sous-jacentes qui pourraient potentiellement conduire à d'autres actes de violence. Il a stimulé des discussions sur la nécessité de renforcer la sécurité des leaders politiques tout en soulignant les défis persistants en matière de sécurité nationale et de stabilité sociale dans un climat politique tendu.

Les médias jouent un rôle indispensable dans la diffusion et l'analyse des événements contemporains, leur impact se révélant crucial dans la façon dont les informations sont perçues et interprétées par le public. Lors de chaque événement d'importance, leur capacité à rapporter en direct et à fournir des analyses approfondies façonne non seulement la compréhension collective, mais aussi les réactions individuelles et politiques.

Les chaînes de télévision et les sites d'actualité constituent les principaux canaux de diffusion en temps réel. En couvrant les événements en direct, ils offrent aux téléspectateurs et aux internautes une immersion immédiate dans les développements en cours. Par exemple, lors d'un incident majeur, ces plateformes diffusent des mises à jour constantes, capturant les moments clés et les réactions initiales. Cette approche non seulement informe le public, mais crée également un sentiment d'urgence et d'engagement. Les journaux et magazines complètent cette couverture par des analyses approfondies et des commentaires éditoriaux. Ils explorent les implications à long terme de l'événement, en examinant ses répercussions politiques, économiques et sociales. Les éditoriaux offrent des perspectives variées, souvent éclairées par des opinions d'experts et des réflexions critiques.

Cette diversité d'opinions enrichit le débat public en fournissant des points de vue contrastés et en stimulant la réflexion sur les enjeux sous-jacents. L'importance des médias dans la diffusion des informations ne se limite pas à la simple transmission des faits. Ils jouent également un rôle crucial dans la formation de l'opinion publique et dans la mobilisation sociale. En mettant en lumière différents aspects d'un événement, ils influencent la façon dont le public le comprend et y réagit. Par exemple, une couverture médiatique intensive peut susciter des débats nationaux, inciter à des actions collectives ou même influencer les décisions politiques.

Cependant, cette influence n'est pas sans critique. Les médias sont souvent accusés de biais, de sensationnalisme ou de manipulation de l'opinion publique. La manière dont un événement est présenté peut varier considérablement selon le média et ses intérêts éditoriaux. Cette diversité de perspectives peut enrichir le discours démocratique, mais elle peut aussi semer la confusion et polariser l'opinion publique.

Les réactions médiatiques aux événements politiques contemporains sont souvent profondément influencées par l'orientation politique des médias qui les rapportent. Cette dynamique était particulièrement visible lors des réactions aux événements entourant Donald Trump, où les médias conservateurs et libéraux ont offert des analyses contrastées, souvent exacerbées par l'amplification des plateformes de médias sociaux. Les médias conservateurs ont régulièrement mis en avant la résilience de Donald Trump face à l'adversité.

Pour beaucoup, son ascension et sa persévérance étaient interprétées comme des signes de soutien divin ou de destinée manifeste. Des commentateurs conservateurs ont souvent utilisé un langage empreint de religiosité, décrivant Trump comme un leader choisi pour une mission spécifique, ce qui a renforcé sa base électorale et religieuse. En revanche, les médias libéraux ont adopté une approche critique, mettant l'accent sur la nécessité de réduire la rhétorique polarisante et les discours incendiaires. Ils ont souvent souligné les aspects de division et d'instabilité que ses actions et ses déclarations semblaient provoquer dans la société. Les critiques libérales ont également mis en avant les questions de sécurité nationale et les implications pour la démocratie, incitant à une réflexion plus profonde sur les valeurs fondamentales et les normes politiques.

Les plateformes de médias sociaux ont joué un rôle crucial dans l'amplification de ces réactions divergentes. Des hashtags et des tendances ont souvent reflété les positions extrêmes prises par les utilisateurs, contribuant à une polarisation accrue de l'opinion publique. Les médias sociaux ont facilité la diffusion rapide d'informations et d'opinions, créant des bulles d'information où les utilisateurs étaient souvent exposés principalement à des perspectives qui validaient leurs propres croyances préexistantes.

Les analystes politiques se sont profondément engagés dans un débat animé sur les implications de l'incident récent pour la campagne électorale en cours. Alors que certains voient dans cette attaque un potentiel pour renforcer la position de Trump en tant que figure persécutée et résiliente, d'autres expriment des inquiétudes sérieuses quant à une possible escalade de la violence politique. Certains commentateurs ont avancé l'idée que cette attaque pourrait jouer en faveur de Trump en consolidant son image auprès de ses partisans. En le présentant comme une figure persécutée, cette situation pourrait mobiliser davantage ses partisans, galvanisant ainsi leur soutien et renforçant leur détermination à voter pour lui. Pour ces analystes, l'incident pourrait devenir un élément mobilisateur crucial dans une campagne électorale déjà tendue et fortement polarisée.

Cependant, un autre groupe d'analystes sonne l'alarme face aux dangers potentiels d'une escalade de la violence politique. Ils soulignent que glorifier ou exploiter un tel incident risque d'encourager des comportements extrêmes et de polariser encore davantage le paysage politique. Ces voix appellent à une réflexion sérieuse et à des mesures concrètes pour désamorcer les tensions, mettant en avant l'importance de promouvoir un dialogue constructif et de réaffirmer les valeurs démocratiques fondamentales. La question de la manière dont cet incident pourrait affecter la campagne électorale dépasse donc largement la simple analyse des gains politiques immédiats. Elle soulève des préoccupations profondes quant à la santé de la démocratie et à la stabilité politique à long terme. Les appels à la modération et à la responsabilité politique deviennent ainsi essentiels pour éviter une escalade qui pourrait mettre en péril la cohésion sociale et le fonctionnement démocratique.

En conclusion, les réactions publiques à la tentative d'assassinat de Donald Trump ont révélé la polarisation profonde et les émotions intenses qui caractérisent la société américaine actuelle. Les partisans de Trump ont vu dans cet événement une confirmation de la protection divine et de la résilience de leur leader, tandis que les opposants ont appelé à une réflexion sur la rhétorique politique et la sécurité. Les médias et les réseaux sociaux ont amplifié ces réactions, contribuant à façonner l'opinion publique et à influencer le discours politique national. Ce chapitre montre comment un événement de cette envergure peut avoir des répercussions profondes et durables sur la dynamique politique et sociale.

# CHAPITRE 5

LE ROLE DE LA FOI EN POLITIQUE

# 1-L'INFLUENCE DE LA RELIGION DANS LA POLITIQUE AMERICAINE

La religion a toujours occupé une place centrale dans la politique américaine, dès les premiers jours de la République. Les valeurs religieuses ont été profondément intégrées dans la culture politique du pays, malgré la séparation formelle de l'Église et de l'État préconisée par les Pères fondateurs. Ces derniers, tout en défendant cette séparation pour prévenir les conflits religieux, ont souvent invoqué Dieu et la Providence dans leurs écrits et discours, marquant ainsi l'influence durable de la religion sur la sphère publique américaine. Les Pères fondateurs, tels que George Washington, Thomas Jefferson et John Adams, bien que provenant de divers horizons religieux, reconnaissaient l'importance des principes moraux et éthiques dérivés de la religion pour une société bien ordonnée.

Washington, dans son discours d'adieu, a averti contre les dangers de l'irréligion et de la division sectaire, soulignant le rôle crucial de la religion dans le maintien de la vertu civique. Jefferson, tout en promouvant la laïcité de l'État, a également reconnu l'importance des valeurs morales enseignées par le christianisme pour la gouvernance. Au fil des décennies, cette influence religieuse s'est reflétée dans les discours des présidents et des leaders politiques américains. Abraham Lincoln, lors de la guerre civile, a fréquemment fait référence à Dieu et à la Bible pour justifier la cause de l'Union et l'abolition de l'esclavage. Martin Luther King Jr., dans son combat pour les droits civiques dans les années 1960, a utilisé des motifs bibliques pour galvaniser le mouvement et inciter à l'action non violente. La présence de discours religieux dans la sphère publique américaine n'est pas seulement un phénomène historique, mais aussi contemporain. Les discours politiques, les sermons des pasteurs et les activités des groupes de pression reflètent souvent des convictions et des valeurs fondées sur la foi religieuse.

Les questions telles que l'avortement, le mariage homosexuel et l'éducation ont souvent été l'objet de débats intenses, où les perspectives religieuses jouent un rôle central dans la formulation des opinions publiques et des politiques. Cependant, cette relation entre religion et politique n'est pas sans controverses ni tensions. Des débats continus concernent la légitimité de l'influence religieuse sur les questions de politique publique dans une société de plus en plus diverse et pluraliste. Les défenseurs de la laïcité insistent sur le respect des libertés individuelles et sur la neutralité de l'État à l'égard des croyances religieuses. En même temps, les voix religieuses continuent de plaider pour une place légitime dans le dialogue national sur les valeurs et la morale.

Les États-Unis, souvent décrits comme un melting-pot de diversités culturelles et religieuses, affichent une dynamique particulière où le christianisme, et plus spécifiquement le protestantisme, a historiquement joué un rôle central. Cette prédominance religieuse se manifeste non seulement dans la composition démographique du pays, mais aussi dans ses institutions politiques et ses rituels symboliques. Dès les premiers colons européens, principalement des protestants fuyant les persécutions religieuses en Europe, le christianisme a imprégné les fondements culturels et moraux de la nation américaine naissante.

Le protestantisme, avec ses diverses branches allant du baptisme à l'évangélisme, a non seulement prospéré mais a également influencé profondément la société américaine. Cette influence se reflète encore aujourd'hui dans les pratiques politiques et les rituels officiels. Un exemple significatif de cette influence est le serment d'investiture sur la Bible, une tradition observée par la plupart des présidents américains depuis George Washington. Ce rituel symbolique, bien que non requis par la Constitution, illustre la manière dont le christianisme est intrinsèquement lié à la légitimité politique et à l'autorité morale aux yeux de nombreux Américains. De même, les prières lors des cérémonies officielles, souvent dirigées par des leaders religieux chrétiens, renforcent cette connexion entre la foi et la gouvernance.

Les politiciens américains eux-mêmes utilisent fréquemment leur foi personnelle comme un moyen d'établir leur moralité et leur légitimité auprès des électeurs. L'identification publique comme chrétien, souvent accompagnée de références à la Bible et aux valeurs évangéliques, est souvent perçue comme un gage de crédibilité et de confiance par une grande partie de l'électorat américain, en particulier dans les régions où le christianisme conservateur est prédominant. Cependant, malgré cette prédominance apparente du christianisme, les États-Unis sont également devenus de plus en plus diversifiés sur le plan religieux au fil des décennies. L'immigration a apporté une variété de traditions religieuses, notamment le catholicisme, le judaïsme, l'islam, l'hindouisme et le bouddhisme, entre autres. Cette diversité croissante a posé des défis à la notion d'une identité nationale fondée sur une seule tradition religieuse, conduisant à des débats et des tensions sur le rôle approprié de la religion dans la sphère publique et politique.

Les élections politiques, surtout aux États-Unis mais aussi dans d'autres pays, sont souvent profondément influencées par les croyances religieuses des électeurs et par l'activisme des groupes religieux organisés. Parmi ces groupes, les évangéliques, les catholiques, et plus récemment les mouvements pentecôtistes, exercent une influence significative en mobilisant leurs fidèles autour de causes spécifiques.

Les enjeux sociaux et moraux, tels que l'avortement, le mariage homosexuel, et la liberté religieuse, jouent un rôle central dans les campagnes électorales. Ces questions sont souvent vues à travers le prisme des valeurs religieuses et morales, ce qui motive les électeurs religieux à s'engager activement dans le processus politique. Par exemple, les évangéliques et les catholiques ont traditionnellement soutenu des candidats et des politiques qui défendent la vie dès la conception et s'opposent à l'avortement. De même, sur la question du mariage homosexuel, les positions des candidats sont scrutées attentivement par les électeurs religieux qui cherchent à soutenir ceux qui défendent leurs convictions sur la famille et la moralité.

L'influence des groupes religieux organisés ne se limite pas seulement à la promotion de positions politiques spécifiques. Ils jouent également un rôle crucial dans la mobilisation des électeurs. Les églises et les organisations religieuses utilisent souvent leur plateforme pour encourager les fidèles à voter et à soutenir des candidats qui partagent leurs valeurs. Cela se traduit par une mobilisation électorale efficace, où les électeurs religieux sont encouragés à exercer leur droit de vote en alignant leurs choix avec leurs convictions religieuses et morales.

Les candidats politiques, conscients de l'importance de l'électorat religieux, adaptent souvent leur stratégie de campagne pour attirer ces électeurs. Cela peut inclure l'adoption de discours et de positions qui résonnent avec les valeurs religieuses dominantes, telles que la défense de la liberté religieuse ou la promotion de politiques familiales basées sur des principes moraux chrétiens. En conséquence, les campagnes électorales deviennent des arènes où les enjeux religieux et moraux sont souvent au premier plan, reflétant la diversité des croyances et des priorités des électeurs.


## 2-LA FOI DES PRESIDENTS ET DES LEADERS POLITIQUES

L'histoire des présidents américains est marquée par une diversité de croyances et de pratiques spirituelles qui ont profondément influencé leur vie personnelle et leurs décisions politiques. Parmi ces figures emblématiques, Abraham Lincoln se distingue particulièrement non seulement par son rôle en tant que dirigeant pendant une période cruciale de l'histoire américaine, mais aussi par la profondeur de sa spiritualité et de sa réflexion sur les questions morales et religieuses.

Abraham Lincoln, bien qu'il n'ait pas été affilié à une église spécifique, était profondément spirituel. Sa foi en une moralité transcendante et en la Providence divine a joué un rôle central dans sa vision du monde et dans sa compréhension de la guerre civile qui déchirait alors les États-Unis. Pour Lincoln, la guerre n'était pas seulement un conflit politique ou militaire, mais une épreuve spirituelle nationale, une épreuve que Dieu avait permise pour purifier et redresser une nation divisée par l'esclavage et par des tensions profondes sur ce que signifiait être une union indivisible.

Lincoln était connu pour ses méditations profondes et ses discours empreints de références bibliques, souvent citant des passages pour illustrer ses points de vue sur la justice, la rédemption et la destinée de la nation. Sa conviction en une moralité supérieure transcendant les intérêts politiques immédiats l'a guidé dans ses efforts pour préserver l'Union et abolir l'esclavage. Pour lui, l'abolition était non seulement un impératif moral mais aussi une nécessité pour l'unité et la justice dans une nation déchirée.

En tant que président, Lincoln a navigué à travers des défis monumentaux avec une profondeur de pensée et une sagesse imprégnées de sa foi. Sa célèbre proclamation d'émancipation de 1863, déclarant la liberté pour les esclaves dans les États rebelles, reflète non seulement son engagement envers la justice sociale mais aussi sa conviction que cette action était en accord avec la volonté divine pour l'avenir des États-Unis. L'influence de la foi de Lincoln dépasse ses actions politiques directes. Elle a également façonné sa capacité à inspirer et à mobiliser les autres, unifiant une nation déchirée par la guerre et par des divisions profondes. Ses discours tels que le Gettysburg Address, avec sa référence à "un nouveau-né de liberté", résonnent avec une vision morale et spirituelle qui continue d'inspirer les générations ultérieures.

Woodrow Wilson et Franklin D. Roosevelt, deux présidents emblématiques des États-Unis au cours des guerres mondiales du XXe siècle, ont été profondément influencés par leur foi religieuse, bien que de manières différentes. Woodrow Wilson, président pendant la Première Guerre mondiale, était un presbytérien dévot dont la foi a fortement influencé sa vision idéaliste de la politique internationale.

Wilson croyait fermement en l'idée que les nations devaient coopérer pour éviter les conflits destructeurs. Sa conviction en une paix mondiale durable a trouvé son expression la plus célèbre dans son soutien fervent à la création de la Société des Nations, précurseur de l'ONU, dans le but de prévenir les guerres futures par la diplomatie et la coopération internationale. Sa foi presbytérienne a renforcé sa conviction que les principes moraux et éthiques devaient guider les relations internationales, marquant ainsi une approche idéaliste et moralisatrice de la politique étrangère américaine sous son mandat.

À l'inverse, Franklin D. Roosevelt, président pendant la Seconde Guerre mondiale, était plus discret quant à ses convictions religieuses personnelles. Cependant, il a souvent invoqué Dieu dans ses discours pour galvaniser le moral de la nation américaine et inspirer courage et détermination pendant la crise mondiale. Roosevelt, tout en respectant la séparation entre l'Église et l'État, utilisait le langage religieux pour unir la nation et mobiliser le soutien public derrière les efforts de guerre.

Pendant la Seconde Guerre mondiale, Roosevelt a été une figure de leadership incontestée, naviguant avec adresse à travers les défis internationaux et nationaux tout en s'appuyant sur des références à la foi pour encourager la résilience et l'espoir. Sa rhétorique, bien que moins explicitement influencée par des dogmes religieux spécifiques comme ceux de Wilson, reflétait néanmoins une sensibilité spirituelle et une reconnaissance de la providence divine dans les moments de crise et de lutte pour la justice et la liberté.

Jimmy Carter, ancien président des États-Unis et baptiste du Sud, a marqué l'histoire non seulement par ses actions politiques, mais aussi par l'influence de sa foi chrétienne sur sa vision et ses décisions. Issu d'une tradition baptiste conservatrice en Géorgie, Carter a souvent intégré des enseignements bibliques dans sa politique, ce qui a profondément guidé ses positions sur des questions cruciales telles que les droits civiques et la justice sociale.

Dès le début de sa carrière politique, Carter a été transparent et ouvert sur l'impact de sa foi sur sa vie publique. Sa conviction profonde envers les principes chrétiens de compassion, de justice et d'égalité l'a conduit à défendre ardemment les droits civiques des Afro-Américains dans une époque encore marquée par la ségrégation et les injustices raciales. Inspiré par le message biblique de l'amour du prochain et de la dignité humaine, il a soutenu des réformes visant à promouvoir l'égalité des droits et à éliminer la discrimination systémique.

En tant que président, Carter a continué à mettre en pratique ses valeurs religieuses en promouvant des politiques qui reflétaient un engagement envers la paix, la coopération internationale et les droits de l'homme. Son approche humanitaire et sa diplomatie axée sur la résolution pacifique des conflits ont été influencées par sa croyance en la responsabilité individuelle et collective de protéger les plus vulnérables et de promouvoir la dignité humaine partout dans le monde.

L'une des caractéristiques les plus marquantes de Jimmy Carter en tant que leader était son honnêteté et sa sincérité dans l'expression de ses croyances religieuses. Contrairement à certains politiciens qui évitent souvent les discussions sur la foi par peur de controverses, Carter a volontiers partagé comment sa foi l'avait guidé et motivé à servir son pays et le monde. Cette transparence a renforcé son image de leader moral, gagnant le respect tant des partisans que des critiques pour sa conviction inébranlable et son intégrité personnelle.

## 3-CAS D'ETUDE: COMMENT LA FOI A INFLUENCE LES DECISIONS POLITIQUES

### Ronald Reagan

Ronald Reagan, président emblématique des États-Unis, incarne parfaitement l'influence de la foi sur les décisions politiques. Son expérience personnelle lors de la tentative d'assassinat en 1981 a profondément renforcé sa conviction en une intervention divine dans sa vie. Reagan attribuait souvent cet événement à la providence divine, parlant de la « Main de la Providence » guidant non seulement ses actions mais aussi celles de la nation qu'il dirigeait.

Pour Reagan, sa foi chrétienne était plus qu'une simple croyance personnelle ; elle était un pilier fondamental de sa politique intérieure et étrangère. Sa lutte déterminée contre le communisme en est un exemple significatif. Reagan voyait la confrontation idéologique entre l'Occident démocratique et le bloc communiste comme une lutte entre le bien et le mal, une interprétation profondément enracinée dans ses convictions religieuses. Cette vision dualiste, influencée par sa foi, a façonné sa politique étrangère, le poussant à renforcer l'arsenal militaire américain et à soutenir activement les mouvements anticommunistes à travers le monde.

Sur le plan intérieur, Reagan a également appliqué ses convictions religieuses à des questions telles que l'avortement et la famille traditionnelle. En tant que fervent opposant à l'avortement, il a soutenu des politiques restrictives et a cherché à nommer des juges à la Cour suprême partageant ses valeurs conservatrices chrétiennes. De même, sa défense de la famille traditionnelle et des valeurs morales était motivée par sa foi, influençant des politiques telles que la promotion de la prière à l'école et la défense des droits des parents dans l'éducation de leurs enfants.

La rhétorique de Reagan, ponctuée de références religieuses et de discours inspirés par sa foi, a souvent mobilisé l'électorat conservateur et évangélique, renforçant ainsi son soutien politique. Ses discours publics étaient souvent teintés de passages bibliques et de références à la foi chrétienne, soulignant l'importance de Dieu dans la vie nationale et internationale des États-Unis sous sa présidence.

L'élection de Ronald Reagan en 1980 a marqué un tournant majeur dans la politique américaine, non seulement en matière d'économie et de politique étrangère, mais aussi sur le front social et culturel. Reagan a activement courtisé les électeurs évangéliques, un groupe démographique de plus en plus influent, en adoptant des positions fermes sur des questions morales et sociales clés.

L'une des principales politiques soutenues par Reagan était son opposition à l'avortement. En 1980, il a reçu un soutien significatif des leaders évangéliques en promettant de nommer des juges conservateurs à la Cour suprême et en se prononçant contre Roe v. Wade, la décision historique qui avait légalisé l'avortement aux États-Unis en 1973. Cette position a galvanisé le soutien des électeurs évangéliques, qui considéraient l'avortement comme une question de principe moral et religieux.

Un autre domaine où Reagan a cherché à influencer la politique nationale était dans le domaine de l'éducation. Il a soutenu l'enseignement du créationnisme, une doctrine religieuse qui affirme que la vie et l'univers découlent d'un acte créateur divin, comme alternative ou complément à l'enseignement de l'évolution dans les écoles publiques. Cette position a été applaudie par les chrétiens conservateurs qui voyaient dans l'enseignement de l'évolution une menace pour leurs croyances religieuses et une remise en question de l'autorité morale de la religion dans la société américaine.

L'administration Reagan a donc assisté à une montée en puissance significative des groupes religieux conservateurs dans la politique nationale. Ces groupes ont été activement consultés par l'administration sur des questions politiques et sociales cruciales, influençant directement les politiques mises en œuvre par le gouvernement fédéral. Leur soutien politique et leur mobilisation électorale ont été cruciaux pour la coalition conservatrice qui a soutenu Reagan pendant ses deux mandats présidentiels.

En conclusion, sous la présidence de Ronald Reagan, les électeurs évangéliques ont trouvé un allié puissant qui a promu activement des politiques sociales et éducatives alignées sur leurs valeurs morales et religieuses. Son opposition à l'avortement et son soutien à l'enseignement du créationnisme ont consolidé la position des groupes religieux conservateurs dans la politique américaine, marquant ainsi une période de transformation culturelle et politique significative dans l'histoire moderne des États-Unis.


## George W. Bush

George W. Bush, le 43e président des États-Unis, est souvent cité comme un exemple contemporain où la foi a joué un rôle central dans sa vie publique et politique. Né de nouveau chrétien, sa foi chrétienne évangélique a profondément influencé sa vision du monde et ses décisions en tant que dirigeant de la nation.

Dès le début de sa carrière politique, Bush a fréquemment parlé de l'importance de sa foi personnelle et de la prière dans sa vie. Cette dimension spirituelle est devenue particulièrement visible pendant sa présidence, surtout après les attentats du 11 septembre 2001. À ce moment crucial de l'histoire américaine, Bush a utilisé un langage empreint de religiosité pour unir une nation bouleversée et justifier des actions militaires contre le terrorisme international.

Pour Bush, la guerre contre le terrorisme n'était pas seulement une question de sécurité nationale mais aussi une lutte morale entre le bien et le mal. Il a souvent décrit les terroristes comme des agents du mal absolu, opposés aux valeurs fondamentales de liberté et de démocratie incarnées par les États-Unis. Cette rhétorique religieuse a servi à mobiliser le soutien public et à légitimer ses politiques étrangères souvent controversées, comme l'invasion de l'Irak en 2003.

En plus de ses discours publics, Bush a également invoqué sa foi pour prendre des décisions politiques internes, telles que ses positions sur les questions sociales comme le mariage homosexuel et l'avortement. Sa politique reflétait souvent les valeurs conservatrices chrétiennes qu'il partageait avec une partie importante de son électorat.

Cependant, l'impact de la foi de Bush n'était pas uniquement politique. Pour lui-même, la religion offrait un cadre moral et une guidance dans ses choix personnels et professionnels. Il a régulièrement consulté des leaders religieux et a décrit sa foi comme une source de force et de réconfort tout au long de sa présidence, même face aux critiques et aux défis difficiles.

La foi de George W. Bush a profondément façonné ses politiques intérieures lors de son mandat présidentiel aux États-Unis, marquant une convergence notable entre ses convictions religieuses personnelles et ses décisions politiques publiques. En tant que président, Bush a systématiquement soutenu le financement d'initiatives religieuses pour les services sociaux, une approche qui reflète son engagement envers les principes de la compassion et de la solidarité communautaire promus par les groupes religieux conservateurs. Cette politique s'est matérialisée à travers des programmes tels que l'initiative « Faith-Based and Community Initiatives », visant à intégrer les organisations religieuses dans la fourniture de services sociaux gouvernementaux.

Une autre manifestation clé de l'influence de sa foi sur ses politiques a été son opposition ferme à la recherche sur les cellules souches embryonnaires. Cette position découle directement de ses convictions pro-vie profondément enracinées, basées sur une interprétation chrétienne conservatrice de la sanctité de la vie humaine dès sa conception. En s'opposant à cette recherche, Bush a cherché à préserver ce qu'il considérait comme les principes moraux fondamentaux de la protection de la vie humaine, même à ses stades les plus précoces.

Outre ces politiques spécifiques, George W. Bush a également travaillé en étroite collaboration avec des leaders religieux pour mobiliser les électeurs conservateurs et promouvoir des politiques alignées sur les valeurs chrétiennes conservatrices. Cette collaboration stratégique a été particulièrement visible lors des campagnes électorales, où Bush a souvent utilisé un langage moral et religieux pour galvaniser sa base électorale et articuler des positions sur des questions telles que le mariage traditionnel et d'autres enjeux sociaux sensibles pour les chrétiens conservateurs.

En résumé, la foi de George W. Bush a joué un rôle central dans la définition de son approche des politiques intérieures pendant sa présidence. Son soutien aux initiatives religieuses dans les services sociaux et son opposition à la recherche sur les cellules souches embryonnaires illustrent comment ses convictions religieuses ont été traduites en actions politiques concrètes. De même, sa coopération avec des leaders religieux pour mobiliser les électeurs et influencer les politiques reflète l'importance continue de la religion dans le paysage politique américain, en particulier dans les secteurs conservateurs qui ont soutenu sa présidence.

## Donald Trump

Donald Trump, le 45e président des États-Unis, a adopté une approche stratégique de la religion dans sa politique, bien que sa relation personnelle avec la foi soit souvent perçue comme moins traditionnelle que celle de ses prédécesseurs. Malgré cela, Trump a réussi à mobiliser et à courtiser le vote évangélique en promettant de protéger la liberté religieuse, de nommer des juges conservateurs et de soutenir Israël, tout en intégrant des références religieuses dans ses discours et actions, surtout lors de moments critiques de sa présidence.

L'une des pierres angulaires de l'approche de Trump envers la religion a été sa défense vigoureuse de la liberté religieuse. Il a cherché à protéger le droit des individus et des organisations à exprimer et pratiquer leur foi sans ingérence excessive du gouvernement. Cette position a été particulièrement populaire parmi les électeurs évangéliques qui ont vu en lui un défenseur de leurs valeurs et de leur liberté de conscience.

En outre, Trump a fait de la nomination de juges conservateurs à la Cour suprême et dans d'autres tribunaux une priorité majeure. Pour beaucoup d'électeurs religieux conservateurs, cette promesse était cruciale car elle offrait la possibilité de renforcer la protection des valeurs traditionnelles et des libertés religieuses dans le cadre judiciaire. Ces nominations ont eu un impact durable sur le paysage juridique américain, suscitant à la fois l'approbation et la critique passionnée selon les perspectives politiques et religieuses.

Sur la scène internationale, Trump a également utilisé la religion comme un levier politique, notamment en renforçant le soutien des États-Unis à Israël. Pour de nombreux électeurs évangéliques, le soutien à Israël est non seulement une question géopolitique mais aussi théologique, étant donné l'importance de la nation d'Israël dans l'eschatologie chrétienne dispensationaliste. Trump a été salué par certains secteurs évangéliques pour avoir tenu ses promesses de déplacer l'ambassade américaine à Jérusalem, une décision hautement symbolique.

En ce qui concerne ses discours et actions, Trump n'a pas hésité à invoquer Dieu et la foi lors de moments clés de sa présidence, comme lors des crises nationales ou des événements historiques. Ces références ont souvent servi à renforcer son image de leader fort et à rallier un soutien parmi les électeurs religieux conservateurs en soulignant des valeurs partagées et une vision commune pour l'avenir de la nation.

En résumé, bien que Donald Trump n'ait pas eu une approche personnelle de la foi aussi visible que certains de ses prédécesseurs, il a su utiliser stratégiquement la religion dans sa politique. En courtisant le vote évangélique à travers des promesses de liberté religieuse, de nominations judiciaires conservatrices et de soutien à Israël, tout en intégrant des références religieuses dans ses discours et actions, il a consolidé son soutien parmi une partie importante de l'électorat américain qui valorise les questions religieuses et morales dans la politique nationale et internationale.

Après la tentative d'assassinat dont il a miraculeusement survécu, Donald Trump a captivé l'attention nationale en attribuant sa survie à une intervention divine. Cette déclaration a non seulement marqué un moment poignant dans sa présidence mais a également renforcé son lien avec ses partisans religieux déjà fervents. Pour beaucoup d'entre eux, cette affirmation a confirmé leur conviction en une intervention divine active dans les affaires humaines, renforçant ainsi leur soutien inébranlable à Trump.

La rhétorique de Trump a souvent fait appel à des thèmes religieux pour galvaniser ses partisans. Il a utilisé des métaphores bibliques et des références spirituelles pour mobiliser ses partisans, les exhortant à se dresser contre ce qu'il appelait le « mal » et à rester résilients dans leur foi. Ces appels à la lutte contre le mal étaient souvent entrelacés avec une vision patriotique, créant un mélange puissant d'identité religieuse et nationale.

Pour ses partisans, Trump est devenu un symbole de défenseur des valeurs chrétiennes traditionnelles dans une société perçue comme de plus en plus sécularisée et diversifiée. Sa position sur des questions telles que l'avortement, le mariage traditionnel et la liberté religieuse a résonné avec une base électorale profondément chrétienne, lui assurant un soutien robuste parmi les électeurs évangéliques et conservateurs.

En attribuant son évasion miraculeuse à une intervention divine, Trump a consolidé son image en tant que leader choisi et protégé par Dieu, une perception qui a renforcé son autorité morale parmi ses partisans religieux. Cette connexion spirituelle a été un puissant moteur pour mobiliser et unifier sa base électorale, notamment lors des moments de contestation politique et de lutte pour le pouvoir.

Cependant, cette utilisation de la rhétorique religieuse n'a pas été sans controverse. Certains critiques ont accusé Trump d'instrumentaliser la religion à des fins politiques, arguant que ses actions et politiques contredisent souvent les principes chrétiens de compassion, de justice sociale et de pardon. Cette critique a créé une division parmi les chrétiens américains, certains soutenant fervemment Trump comme un champion de leurs valeurs, tandis que d'autres le condamnant comme un opportuniste politique.

En conclusion, le rôle de la foi en politique est complexe et multifacette. L'influence de la religion dans la politique américaine est profonde, et la foi personnelle des présidents et des leaders politiques a souvent guidé leurs décisions et leurs politiques. Les cas d'étude de Reagan, Bush et Trump illustrent comment la foi peut être utilisée pour mobiliser les électeurs, justifier des politiques et naviguer des crises. Ce chapitre met en lumière la manière dont la religion continue de façonner le paysage politique américain et les implications pour l'avenir de la nation.

# CHAPITRE 6

<br>

# L'INTERVENTION DIVINE

# 1-ANALYSE THEOLOGIQUE DE L'INTERVENTION DIVINE

L'intervention divine, une expression de la présence active de Dieu dans le monde, constitue un pilier théologique essentiel dans de nombreuses traditions religieuses à travers les âges. Ce concept transcende les frontières théologiques et philosophiques, offrant une perspective profonde sur la relation entre la divinité et l'humanité, ainsi que sur la nature même de l'univers.

Théologiquement, l'intervention divine est interprétée comme l'action directe et manifeste de Dieu dans les affaires humaines et cosmiques. Cette notion repose sur la croyance que Dieu n'est pas seulement créateur et observateur, mais aussi un acteur engagé qui guide activement le cours de l'histoire et soutient l'ordre universel. La doctrine de la providence divine renforce cette idée en affirmant que Dieu exerce une gouvernance bienveillante et intentionnelle sur l'univers, intervenant parfois de manière spectaculaire pour réaliser ses desseins ultimes.

Dans les traditions judéo-chrétiennes, par exemple, l'intervention divine est illustrée à travers des récits bibliques tels que les miracles de l'Ancien Testament ou les actes de Jésus Christ dans le Nouveau Testament. Ces événements extraordinaires sont considérés comme des manifestations directes de la puissance et de la volonté divines, destinées à guider, corriger ou sauver l'humanité selon le plan divin.

Cependant, l'idée d'intervention divine n'est pas sans défis théologiques. Les questions sur la nature de la providence, le libre arbitre humain et le problème du mal dans un monde où Dieu intervient suscitent des débats complexes et profonds au sein des traditions religieuses et des cercles philosophiques. Certains théologiens soutiennent que l'intervention divine peut être comprise à travers des événements naturels et des actions humaines, reflétant ainsi une interaction subtile mais significative entre le divin et le quotidien.

Dans le christianisme, l'intervention divine revêt une signification profonde et centrale à travers la notion de miracles. Ces événements extraordinaires sont considérés comme transcendant les lois naturelles et sont attribués à l'action directe de Dieu. Les Écritures chrétiennes abondent en récits de telles interventions, illustrant la relation entre Dieu et l'humanité à travers des actes miraculeux marquants.

Dès les premiers récits de l'Ancien Testament, les miracles sont présentés comme des manifestations de la puissance divine. Par exemple, l'exode des Hébreux hors de l'Égypte est accompagné de plaies miraculeuses infligées aux Égyptiens, culminant avec le passage miraculeux de la mer Rouge. Ces événements illustrent la capacité de Dieu à intervenir dans l'histoire humaine pour libérer son peuple de l'oppression et manifester sa souveraineté.

Dans le Nouveau Testament, les miracles occupent une place centrale dans la vie et le ministère de Jésus-Christ. Les évangiles rapportent une série d'événements miraculeux, tels que la guérison des malades, la multiplication des pains, la marche sur l'eau, et même la résurrection des morts. Ces miracles ne servent pas seulement à démontrer la divinité de Jésus, mais aussi à manifester la compassion de Dieu envers les souffrants et à enseigner des vérités spirituelles profondes à travers des actes visibles et puissants.

La théologie chrétienne enseigne que Dieu intervient dans le monde pour plusieurs raisons essentielles. Premièrement, les miracles démontrent la puissance transcendante de Dieu sur la création, affirmant sa souveraineté et son autorité sur toutes choses. Deuxièmement, ils incarnent la compassion divine en répondant aux besoins humains, que ce soit physiques, spirituels ou émotionnels. Enfin, les miracles servent souvent à illustrer des vérités théologiques importantes, comme la nature salvatrice de Jésus-Christ ou la promesse de la vie éternelle.

Pour les chrétiens, croire aux miracles implique une foi en un Dieu qui agit de manière active et tangible dans le monde, en réponse à la prière et en accord avec sa volonté divine. Cela ne se limite pas aux temps bibliques, mais continue à travers l'histoire chrétienne et dans les expériences personnelles des croyants aujourd'hui. Chaque miracle, qu'il soit grand ou apparemment petit, est vu comme une expression de la fidélité et de la grâce de Dieu, rappelant aux croyants que rien n'est impossible avec Dieu.

Les différentes branches du christianisme interprètent l'intervention divine de manière distinctive, chacune influencée par ses traditions théologiques et ses pratiques spirituelles. Cette diversité reflète non seulement des différences doctrinales, mais aussi des emphases théologiques et pratiques qui façonnent la manière dont les croyants perçoivent et vivent la présence de Dieu dans leurs vies.

Les évangéliques et les pentecôtistes se distinguent par leur emphase sur la réalité contemporaine des miracles et des interventions divines. Pour eux, Dieu est actif et présent dans le monde aujourd'hui, manifestant sa puissance à travers des guérisons miraculeuses, des réponses de prières immédiates, et des expériences de direction divine directe. Cette perspective est souvent ancrée dans une lecture littérale et personnelle des Écritures, où les récits bibliques de miracles et d'interventions divines servent de modèle pour la foi contemporaine.

Les protestants réformés, quant à eux, mettent l'accent sur la souveraineté de Dieu dans toutes les sphères de la vie, y compris les événements historiques et personnels. Pour eux, chaque événement, qu'il soit une bénédiction ou une adversité, est vu comme faisant partie du plan providentiel de Dieu. Cette perspective est enracinée dans une théologie de la prédestination et de la souveraineté divine, où Dieu agit selon sa volonté souveraine pour accomplir ses desseins éternels, même à travers des circonstances difficiles ou mystérieuses.

En résumé, bien que toutes les branches du christianisme croient en l'intervention divine, elles le font à travers des lentilles théologiques distinctes qui façonnent leur compréhension et leur expérience de la présence de Dieu. Les évangéliques et les pentecôtistes accentuent la réalité actuelle des miracles, tandis que les protestants réformés soulignent la souveraineté de Dieu dans tous les aspects de la vie. Ces perspectives diverses enrichissent le panorama théologique chrétien et témoignent de la variété des expressions de la foi chrétienne à travers le monde.

## 2-PERSPECTIVES RELIGIEUSES SUR LES MIRACLES ET LES INTERVENTIONS DIVINES

Dans le christianisme, les miracles sont vus comme des signes de la présence de Dieu et des preuves de sa puissance. Les Évangiles relatent de nombreux miracles accomplis par Jésus, comme la guérison des malades, la résurrection des morts, et la transformation de l'eau en vin. Ces actes sont interprétés comme des manifestations de la nature divine de Jésus et de son royaume à venir.

Les miracles sont aussi des réponses à la prière. De nombreux chrétiens croient que par la prière fervente, Dieu peut intervenir directement dans leurs vies. Des histoires de guérison miraculeuse, de protection divine en temps de danger, et de guidance divine sont courantes dans les témoignages personnels et les sermons.

Un regard méditatif dans la Bible nous permet de comprendre que les miracles dans la Bible sont des événements surnaturels souvent attribués à l'intervention directe de Dieu ou de ses messagers. Ils jouent un rôle crucial dans l'histoire biblique en démontrant la puissance divine, en confirmant la foi des croyants et en accomplissant des desseins divins. Voici quelques points clés sur les miracles bibliques :

1. Nature des miracles : Ils peuvent inclure des guérisons miraculeuses (comme les aveugles retrouvant la vue), des interventions dans la nature (comme la multiplication des pains et des poissons), des événements surnaturels (comme la marche sur l'eau), et même des résurrections (comme celle de Lazare).

2. Buts des miracles : Ils servent souvent à attester l'autorité spirituelle de prophètes ou de figures religieuses spécifiques, à manifester la gloire de Dieu, à apporter un soulagement ou une aide aux nécessiteux, ou encore à confirmer la vérité du message divin.

3. Exemples dans les Écritures : Parmi les exemples les plus connus, on trouve les miracles accomplis par Jésus Christ pendant son ministère terrestre, comme la guérison des malades et la résurrection des morts. Les miracles de Moïse lors de l'exode d'Égypte, comme les dix plaies, sont également des exemples puissants de l'intervention miraculeuse de Dieu.

4. Interprétation théologique : Pour les croyants, les miracles ne sont pas seulement des événements historiques, mais aussi des signes de la présence et de la puissance continuelles de Dieu dans le monde. Ils renforcent la foi en montrant que Dieu peut agir au-delà des limites naturelles et qu'il intervient dans les affaires humaines selon son dessein.

Les récits de miracles dans la Bible jouent donc un rôle important non seulement dans la narration des événements sacrés, mais aussi dans la théologie et la spiritualité des traditions judéo-chrétiennes.

## 3-TEMOIGNAGES DE PERSONNES AYANT VECU DES EXPERIENCES SIMILAIRES

Les témoignages de personnes ayant vécu des expériences qu'elles interprètent comme des interventions divines sont nombreux et variés, reflétant la diversité des croyances et des contextes culturels.

## Guérisons miraculeuses

Les récits de guérisons miraculeuses occupent une place centrale dans les traditions chrétiennes, témoignant de moments où des individus affligés par des maladies considérées comme incurables trouvent la guérison grâce à des interventions divines. Ces expériences transforment souvent les croyants en témoins fervents de la puissance de la foi et de la prière.

Au cœur de ces récits se trouvent des anecdotes poignantes de personnes confrontées à des défis médicaux insurmontables, dont les chemins se croisent avec la conviction religieuse. Les miracles surviennent parfois après des prières intenses, des visites à des sanctuaires sacrés, ou encore par l'intercession directe de figures spirituelles respectées. Ces expériences sont perçues comme des manifestations directes de la grâce divine, réaffirmant la croyance en une intervention surnaturelle dans les affaires humaines.

Les témoignages de guérisons miraculeuses sont généralement partagés au sein des communautés ecclésiales, où ils servent à renforcer la foi des fidèles. Ces récits deviennent des points de référence spirituelle, illustrant la promesse biblique de guérison et de secours en réponse à la prière et à la dévotion. En entendre parler ou en être le protagoniste nourrit l'espoir et l'assurance que Dieu est toujours actif et attentif aux besoins de ses enfants.

Cependant, la perception des guérisons miraculeuses varie au sein même de la communauté chrétienne. Certains les considèrent comme des manifestations authentiques de la puissance divine, confirmant la validité de la foi et des pratiques spirituelles. D'autres adoptent une approche plus sceptique, cherchant des explications rationnelles ou médicales aux phénomènes observés. Cette diversité d'interprétations témoigne de la complexité et de la profondeur des croyances religieuses au sein du christianisme contemporain.

Les récits de guérisons miraculeuses ne se limitent pas à une époque spécifique ou à une région géographique particulière. Ils traversent les frontières culturelles et temporelles, nourrissant la continuité d'une tradition vivante où la foi et l'expérience personnelle se rencontrent de manière transformative. En cela, ces récits continuent de susciter des débats théologiques, des études académiques et des discussions au sein des communautés religieuses sur la nature de la foi, de la prière et de la providence divine.

En conclusion, les guérisons miraculeuses demeurent des expressions vibrantes de la spiritualité chrétienne, capturant la profondeur de la relation entre la foi et la guérison physique. Elles témoignent de la conviction que, même dans les moments les plus sombres de la maladie et du désespoir, une intervention divine peut apporter un réconfort et une guérison inattendue, transformant ainsi les vies et fortifiant la foi de ceux qui croient.

**Protection divine**

La notion de protection divine, souvent évoquée dans des récits personnels de survie face au danger, transcende les explications rationnelles pour embrasser le domaine du spirituel et de la foi. Ces récits captivent et interrogent, offrant des perspectives sur la croyance en une intervention divine active dans la vie quotidienne.

Les histoires de protection divine abondent, illustrant des situations où des individus affirment avoir échappé de justesse à des accidents graves, à des catastrophes naturelles dévastatrices, ou à des actes de violence extrême grâce à une série d'événements souvent inexplicables. Ces récits décrivent parfois des intuitions étranges, des changements de plan de dernière minute ou des coïncidences improbables qui ont conduit à leur survie. Ils soulignent également des sentiments profonds de paix et de sécurité soudains, souvent interprétés comme des signes de présence divine.

Un exemple révélateur est celui d'une personne qui, après avoir ignoré une voix intérieure l'incitant à changer son itinéraire habituel, évite de justesse un accident majeur. Une autre personne peut témoigner de s'être trouvée inexplicablement à l'abri d'une catastrophe naturelle en raison d'une décision apparemment anodine prise des jours auparavant. Ces récits inspirent souvent une réflexion profonde sur la nature de la providence divine et sur la manière dont elle pourrait influencer nos vies.

Pour ceux qui croient en une intervention divine, ces expériences renforcent leur foi en une guidance et une protection constantes. Elles servent de témoignages vivants de la manière dont la foi peut offrir un réconfort et une assurance même dans les moments les plus sombres et les plus périlleux. En revanche, pour les sceptiques et les rationalistes, ces récits soulèvent des questions sur la nature de la coïncidence, de l'intuition humaine et de l'interprétation subjective des événements.

En analysant ces récits, il devient clair que la notion de protection divine est profondément personnelle et culturellement déterminée. Elle reflète les croyances et les expériences individuelles de ceux qui les partagent, tout en invitant à une exploration plus large des mystères de la foi et de la destinée humaine. Ces récits continuent d'alimenter les débats sur la nature de la foi, de la chance et de la providence, illustrant comment les perceptions personnelles de la divinité peuvent influencer notre compréhension du monde qui nous entoure.

En conclusion, les récits de protection divine en temps de danger offrent des perspectives fascinantes sur la relation entre l'humain et le divin. Qu'ils soient vécus comme des miracles ou interprétés comme des coïncidences significatives, ces récits enrichissent notre compréhension collective de la foi, de la survie et de la signification profonde que beaucoup trouvent dans les moments de crise et de grâce inattendue.

## Guidance spirituelle

La guidance spirituelle est une expérience profondément personnelle et souvent décrite comme transcendantale par ceux qui la vivent. Elle se manifeste à travers des moments de prière intense, de méditation profonde ou d'introspection spirituelle, où l'individu ressent une connexion directe avec une présence divine ou reçoit des messages qui apportent clarté et direction à sa vie.

Pour beaucoup, la guidance spirituelle représente un phénomène qui dépasse les limites de la compréhension rationnelle. C'est un sentiment de recevoir des réponses à des questions profondes et existentielles, parfois sans même avoir formulé ces questions consciemment. L'expérience peut se manifester de différentes manières : certains décrivent des visions intérieures claires, d'autres entendent des voix intérieures ou ressentent une profonde paix intérieure qui les guide vers des choix ou des actions spécifiques.

Ces moments de guidance peuvent être déterminants dans la vie d'une personne, apportant non seulement une direction claire mais aussi un sentiment renouvelé de foi, de confiance et de compréhension spirituelle. Par exemple, quelqu'un pourrait recevoir un message clair sur une décision professionnelle difficile, se sentant guidé vers une voie qui semblait improbable mais qui s'avère être la bonne pour son épanouissement personnel et spirituel.

La guidance spirituelle est souvent associée à des sentiments de sécurité et de soutien divin. Elle renforce la conviction que l'individu n'est pas seul dans ses défis et ses choix de vie, mais qu'il est guidé par une force supérieure qui comprend ses besoins et aspirations les plus profonds. Cela peut offrir un réconfort immense dans les périodes de doute ou de difficulté, permettant à la personne de persévérer avec une foi renouvelée en sa propre voie et en ses capacités.

Cependant, il est important de noter que la guidance spirituelle n'est pas toujours spectaculaire ou dramatique. Elle peut également se manifester subtilement, à travers des signes dans la nature, des coïncidences significatives ou des conseils provenant de personnes rencontrées au moment opportun. Ce sont souvent ces petits moments qui, cumulativement, construisent une compréhension plus profonde de notre parcours spirituel et de notre relation avec le divin.

En conclusion, la guidance spirituelle est une expérience intime et transformative, où l'individu ressent une connexion directe avec une force spirituelle qui offre clarté, direction et soutien. Que ce soit à travers la prière, la méditation ou d'autres pratiques spirituelles, ces moments sont souvent décrits comme des points tournants dans la vie des personnes, renforçant leur foi et les guidant vers un chemin de vie plus aligné avec leurs valeurs et leur épanouissement personnel.

**Miracles de conversion**

Les miracles de conversion sont des récits fascinants et profondément personnels qui illustrent le pouvoir transformateur de la foi et l'expérience directe du divin. Ces récits sont souvent marqués par des événements soudains et transcendants, où des individus rapportent avoir été guidés vers une nouvelle voie spirituelle à la suite d'une rencontre significative ou d'une expérience profonde. Ces expériences transcendent souvent les frontières religieuses et témoignent de la diversité des chemins vers la spiritualité.

Dans de nombreux récits, les miracles de conversion commencent par un sentiment d'incomplétude ou de recherche spirituelle intense. Pour certains, cela peut être une période de crise personnelle, de désespoir ou de questionnement profond sur le sens de la vie. C'est souvent dans ces moments de vulnérabilité que surviennent des rencontres spirituelles ou des expériences visionnaires, souvent décrites comme des manifestations directes de la présence divine. Ces expériences peuvent prendre la forme de visions, de rêves puissants, ou de rencontres avec des figures spirituelles ou des communautés religieuses qui offrent un soutien et une compréhension profonde.

Un aspect frappant des miracles de conversion est leur capacité à transcender les barrières culturelles et religieuses. Des personnes de divers horizons religieux ou non religieux témoignent de ces expériences, indiquant que le divin ne se limite pas aux frontières doctrinales humaines. Ces récits mettent en lumière la nature universelle de la quête spirituelle et la capacité de la foi à transformer profondément les vies, indépendamment du contexte initial.

Pour ceux qui vivent un miracle de conversion, l'expérience va souvent au-delà d'un simple changement de croyances. Cela peut signifier une renaissance personnelle, une guérison intérieure profonde ou un engagement renouvelé envers des valeurs spirituelles plus profondes. Certains décrivent un sentiment de paix intérieure, de clarté sur leur chemin de vie, ou un renouveau de leur relation avec le divin et avec autrui.

En conclusion, l'analyse théologique de l'intervention divine, les perspectives religieuses sur les miracles, et les témoignages personnels montrent la profondeur et la diversité des croyances et des expériences liées à l'action de Dieu dans le monde. Ces éléments illustrent comment la foi peut offrir une source de réconfort, de guérison et de direction, même dans les moments les plus difficiles et inexplicables. Le rôle de l'intervention divine dans la vie des individus et des communautés continue de façonner les perceptions, les actions et les attitudes envers le sacré et le profane.

# LA RESILIENCE ET L'UNITE

# 1-LE DISCOURS DE TRUMP APRES L'INCIDENT

Après la tentative d'assassinat, Donald Trump s'est adressé au public avec un discours marqué par la gratitude envers Dieu et ceux qui avaient prié pour lui. Son allocution, empreinte d'un ton de résilience et de détermination, a captivé l'attention nationale et internationale.

L'événement, survenu dans un climat politique déjà tendu, a amplifié l'importance de la foi et de la résilience personnelle pour Trump. En prenant la parole, il a d'abord exprimé sa reconnaissance envers Dieu, qu'il a décrit comme étant à ses côtés dans cette épreuve difficile. Cette référence religieuse a résonné auprès de nombreux partisans et a suscité des réactions variées dans l'opinion publique.

Trump a souligné que cette attaque ne ferait que renforcer sa détermination à poursuivre ses convictions politiques. Sa volonté affirmée de continuer à lutter pour ce en quoi il croit a été au cœur de son discours. Il a insisté sur le fait que les défis rencontrés ne feraient que renforcer sa foi et sa résolution, renforçant ainsi son image de leader déterminé et résolu.

En exprimant sa gratitude envers ceux qui avaient prié pour lui, Trump a également montré une sensibilité personnelle, se connectant émotionnellement avec ses partisans et le public en général. Cette reconnaissance a contribué à humaniser son image publique, montrant un côté plus personnel et réfléchi de sa personnalité souvent dépeinte de manière plus polémique dans les médias.

Son discours a également eu un impact politique, alimentant le débat sur la sécurité des personnalités publiques et la polarisation croissante de la société américaine. En mettant l'accent sur sa foi et sa résilience, Trump a cherché à galvaniser son électorat et à consolider son soutien parmi ceux qui partagent ses convictions politiques et religieuses.

Dans son discours, Trump a mis en avant l'importance de la foi en affirmant que c'était par la grâce de Dieu seul que "l'impensable" avait été évité. En ce moment de tragédie, il a exprimé ses condoléances sincères et son soutien aux victimes de l'attaque, notamment à Corey Comperatore, un ancien pompier décédé en protégeant sa famille. En mettant en lumière l'héroïsme de Comperatore, Trump a cherché à inspirer ses partisans en leur fournissant un exemple poignant de courage et de sacrifice.

Lorsque Trump a souligné que c'était grâce à Dieu que l'incident n'avait pas été pire, il a invoqué un sentiment de dépendance divine et de reconnaissance. Cette déclaration pourrait également être interprétée comme un moyen de renforcer les liens avec ses partisans qui partagent des valeurs religieuses similaires, soulignant l'importance de la foi dans les moments de crise et de deuil national.

En exprimant ses condoléances aux victimes, et spécifiquement à Corey Comperatore, Trump a humanisé la tragédie en reconnaissant l'acte héroïque d'un individu qui a sacrifié sa vie pour protéger les siens. Ce geste de compassion non seulement honore la mémoire de Comperatore, mais il renforce également l'unité nationale en reconnaissant le sacrifice désintéressé d'un citoyen exemplaire.

En soulignant l'héroïsme de Comperatore, Trump a cherché à galvaniser ses partisans en leur fournissant un modèle inspirant. En effet, dans de tels moments de douleur et de chagrin, les exemples de courage et de sacrifice personnel peuvent servir de catalyseur pour l'unité nationale et la résilience collective. En mettant en lumière des actes de bravoure comme celui de Comperatore, Trump a tenté de transcender la politique partisane pour mettre en avant des valeurs communes telles que le courage et la dévotion envers la famille et la communauté.

Lorsque l'incident tragique a frappé, Donald Trump a choisi une voie rare dans son leadership souvent polarisant : celle de l'appel à l'unité nationale. Confronté à une crise qui aurait pu diviser davantage une nation déjà fracturée, il a opté pour un discours de rassemblement, mettant l'accent sur la force collective et la résilience face à l'adversité.

Dans un geste surprenant, Trump a pris la parole, non pas pour exploiter politiquement la tragédie, mais pour exhorter à la solidarité. Il a souligné l'importance de rester forts et déterminés, rejetant la méchanceté et la division comme réponses légitimes à l'horreur. Ce discours marquait un changement significatif dans sa rhétorique habituelle, axée souvent sur les attaques politiques contre ses opposants.

"Nous devons nous unir en tant que nation", a-t-il déclaré solennellement, annonçant son intention de réécrire son discours pour le centrer sur l'unité et la résilience plutôt que sur les différences partisanes. Ce pivot stratégique visait à apaiser les tensions et à montrer une facette de leadership basée sur la compassion et la détermination plutôt que sur la confrontation politique.

Ce changement de ton n'était pas seulement une manœuvre politique calculée, mais aussi une réponse humaine à une crise nationale. Trump cherchait à incarner un leadership émotionnel, montrant une capacité à transcender les divisions politiques pour unir le pays dans l'adversité. "En ces temps difficiles, nous devons nous rappeler ce qui nous unit en tant que nation", a-t-il insisté, appelant les Américains à faire preuve de solidarité et de soutien mutuel.

Les réactions à ce discours ont été variées, reflétant la polarisation profonde au sein de la société américaine. Certains ont salué ce geste comme un signe de maturité politique et de leadership moral, louant la décision de Trump de mettre de côté les querelles partisanes pour l'intérêt commun. D'autres, cependant, ont exprimé une certaine méfiance quant à la sincérité de ses paroles, soulignant son historique de discours incendiaires et de politiques controversées.

## 2-LA NOTION DE RESILIENCE FACE A L'ADVERSITE

La résilience, qualifiée comme la capacité à rebondir et à se remettre des difficultés, se révèle être une qualité cruciale en période de crise. Elle se manifeste particulièrement dans la manière dont les individus ou les leaders font face à des événements extrêmement perturbateurs. Un exemple poignant de cette résilience s'observe dans la réaction de Donald Trump lors de la tentative d'assassinat contre sa personne.

Le 6 juin 2023, lors d'un rassemblement à Miami, un individu armé tenta de prendre la vie de l'ancien président. Cet incident aurait pu semer la terreur et le chaos, mais la réponse de Trump fut marquée par une démonstration spectaculaire de résilience. Au lieu de se retirer dans l'ombre de la peur et de la sécurité, Trump choisit de se montrer au public peu de temps après l'attaque. Debout devant ses partisans, il prit la parole avec détermination et calme, déclarant fermement que de tels actes ne l'empêcheraient pas de continuer à défendre ses idéaux et à se battre pour ses partisans.

Cette réaction ne se limita pas à une simple manifestation de bravoure face à l'adversité. Elle révéla la capacité profonde de Trump à transformer une expérience traumatisante en un moment mobilisateur. En restant ferme et en parlant directement à ses partisans, il leur transmettait un message puissant : celui de ne pas se laisser abattre par la peur, mais plutôt de puiser dans la résilience pour faire face aux défis avec force et dignité.

L'impact de cette démonstration de résilience ne se fit pas attendre. Les partisans de Trump furent galvanisés par sa détermination à continuer malgré l'attaque.

Ses paroles devinrent un symbole de résistance et d'unité pour beaucoup, renforçant leur détermination à soutenir ses efforts malgré les obstacles.

La résilience, concept multidimensionnel, se manifeste à travers plusieurs prismes essentiels qui démontrent la capacité humaine à faire face et à se relever des adversités. Psychologiquement, elle se définit par la capacité à maintenir une attitude positive et à trouver un sens dans les épreuves traversées. Cette dimension psychologique de la résilience implique non seulement la capacité à surmonter le stress et l'adversité, mais aussi à tirer des leçons de ces expériences pour croître personnellement.

Sur le plan physique, la résilience se traduit par la capacité du corps à récupérer des blessures physiques ou des traumatismes. Cette capacité de régénération physique est souvent soutenue par des facteurs comme la bonne santé générale, le maintien d'une alimentation équilibrée, et parfois même par des pratiques médicales avancées, permettant au corps de retrouver ses capacités fonctionnelles après des périodes de stress physique intense.

Sur le plan social, la résilience se nourrit du soutien de la communauté et de la capacité à renforcer les liens sociaux en période de crise. Les réseaux de soutien, qu'ils soient familiaux, amicaux ou communautaires, jouent un rôle crucial dans la capacité d'un individu ou d'une communauté à faire face aux défis. Le renforcement de ces liens sociaux non seulement apporte un soutien émotionnel et matériel, mais favorise également un environnement de confiance et de solidarité qui facilite la résilience collective.

En somme, la résilience peut être interprétée comme une capacité globale à naviguer à travers les difficultés et à en sortir renforcé. Elle combine des aspects psychologiques, physiques et sociaux qui interagissent de manière complexe pour permettre à un individu ou à une communauté de rebondir après des périodes de crise. En développant une attitude mentale positive, en favorisant la récupération physique et en cultivant des réseaux de soutien solides, les individus peuvent non seulement survivre aux défis, mais aussi en sortir transformés et plus forts. Ainsi, la résilience ne se limite pas à la simple capacité de résister aux adversités, mais représente une capacité profonde à s'adapter, à apprendre et à se développer malgré les défis rencontrés dans la vie.

Donald Trump, figure centrale de la politique américaine contemporaine, est souvent perçu comme un symbole de résilience politique. Sa présidence, marquée par des controverses incessantes et des critiques virulentes, a mis en lumière sa capacité à faire face à l'adversité avec une défiance inébranlable. En adoptant une posture de défiance et en refusant d'être découragé par les attaques incessantes de ses détracteurs, Trump a non seulement consolidé sa propre résilience mais a aussi inspiré celle de ses partisans.

Lors des moments cruciaux de sa présidence, Trump a réagi avec une rapidité et une détermination qui ont souvent surpris ses opposants et galvanisé ses supporters. Face aux scandales médiatiques, aux enquêtes politiques et aux critiques acerbes, il a maintenu un cap politique ferme, ne cédant pas aux pressions externes. Cette attitude de résistance face à l'adversité a renforcé sa base électorale, qui a vu en lui un leader capable de défendre leurs intérêts malgré les attaques constantes.

La réaction de Trump aux défis politiques et sociaux a servi de modèle à ses partisans, alimentant leur propre sentiment de résilience et de détermination. En le soutenant, ils ont également adopté une posture de fermeté face aux critiques et aux obstacles. Cette dynamique a créé une connexion profonde entre Trump et ses partisans, fondée sur une vision partagée de la résilience politique et de la défense des convictions malgré l'adversité.

De plus, Trump a utilisé les plateformes de médias sociaux pour communiquer directement avec ses partisans, contournant souvent les médias traditionnels qu'il accusait de partialité. Cette stratégie lui a permis de maintenir une communication constante avec sa base et de renforcer leur engagement envers sa vision politique. Chaque tweet incisif ou chaque discours public reflétait sa détermination à faire avancer ses objectifs politiques malgré les obstacles.

## 3-LE ROLE DE L'UNITE DANS LES MOMENTS DE CRISE

Pour développer l'idée de l'unité comme une force puissante en période de crise, en utilisant l'exemple du discours de Trump, voici ce qui peut être dit à ce sujet :

En période de crise, l'unité joue un rôle crucial en offrant un précieux sentiment de solidarité et de soutien mutuel. Lors de son discours, Trump a capturé cette essence en soulignant l'importance vitale de rester unis face à l'adversité. Une telle unité transcende les différences individuelles et communautaires, créant un front commun contre les défis qui peuvent sembler insurmontables lorsque affrontés seul.

L'unité agit comme un catalyseur qui renforce les liens sociaux et stimule la coopération collective. En s'unissant, les individus trouvent non seulement un soutien émotionnel mais aussi une force collective pour faire face aux obstacles. Trump a mis en lumière cette dynamique en appelant à une coopération et une détermination collective, mettant en avant l'idée que même les défis les plus redoutables peuvent être surmontés lorsque les gens se tiennent ensemble.

Dans un monde où les divisions peuvent souvent prévaloir, l'unité devient un bouclier contre la désunion et le désespoir. Elle offre un espace où les différences sont mises de côté au profit d'un objectif commun : surmonter les épreuves. Le discours de Trump a donc servi à rappeler que dans les moments de crise, l'unité est non seulement une force morale mais aussi une stratégie pragmatique pour naviguer à travers les tempêtes de l'incertitude et de l'adversité.

Enfin, l'unité lors des crises permet de mobiliser les ressources disponibles de manière efficace et coordonnée. Elle encourage la générosité, le partage des ressources et la compassion, renforçant ainsi la résilience des communautés face aux difficultés. Trump, par ses mots, a encouragé cette mobilisation en soulignant que seul unis, nous pouvons espérer surmonter les défis qui se dressent devant nous.

En temps de crise, l'unité joue un rôle essentiel à plusieurs niveaux, chacun crucial pour la résilience et la réponse efficace face aux défis rencontrés.

Tout d'abord, l'unité facilite la mobilisation des ressources. Face à une crise, qu'elle soit naturelle, économique ou sociale, la capacité à rassembler et à utiliser efficacement les ressources disponibles est décisive. L'unité permet de coordonner les efforts, d'organiser les secours d'urgence et de partager les ressources de manière équitable. Par exemple, dans les situations de catastrophe naturelle, comme les tremblements de terre ou les tempêtes, une communauté unie peut mobiliser rapidement des équipes de secours, des fournitures médicales et des abris temporaires, sauvant ainsi des vies et réduisant les souffrances.

Ensuite, l'unité offre un soutien émotionnel crucial. Les crises peuvent provoquer un stress intense et un traumatisme émotionnel chez les individus touchés. La solidarité et le soutien mutuel au sein d'une communauté unie permettent aux personnes de partager leurs émotions, leurs peines et leurs préoccupations. Cela crée un environnement où chacun se sent entendu, soutenu et capable de puiser dans la force collective pour surmonter l'adversité. Par exemple, lors d'une pandémie, la solidarité communautaire peut réduire l'isolement social en offrant un réseau de soutien émotionnel, même à distance, à travers des initiatives telles que les groupes de soutien en ligne ou les appels téléphoniques réguliers.

Enfin, l'unité renforce les valeurs communes et le sens du but partagé. En temps de crise, les communautés unies se rallient souvent autour de valeurs communes telles que la compassion, la résilience et la générosité. Cela crée un cadre dans lequel les individus sont inspirés à agir de manière altruiste, à faire preuve de solidarité envers leurs voisins et à contribuer au bien-être collectif. Par exemple, après une crise économique, une communauté peut se rassembler pour soutenir les petites entreprises locales, créant ainsi un cercle vertueux de soutien mutuel et de reconstruction économique.

Donald Trump a marqué son mandat présidentiel en capitalisant sur une notion d'unité qu'il a constamment mise en avant à travers ses discours et ses actions. En utilisant son discours pour rappeler aux Américains leur caractère fort et déterminé, il s'est positionné comme un leader résilient, souvent en contraste avec ses critiques. Trump a régulièrement appelé à l'unité nationale, cherchant à galvaniser ses partisans tout en consolidant leur engagement envers ses idéaux et sa vision pour le pays.

Pendant sa présidence, Trump a adopté une approche souvent polarisante mais résolue, visant à réaffirmer l'identité nationale américaine face à ce qu'il percevait comme des menaces internes et externes. Ses discours étaient ponctués de rappels sur l'importance de l'unité face aux défis économiques, politiques et sociaux. En se présentant comme un défenseur des valeurs traditionnelles et de la force collective de la nation, il a cherché à rallier un large soutien autour de sa vision conservatrice.

Par exemple, lors de ses discours à ses partisans, Trump soulignait souvent les réalisations économiques et politiques de son administration, les présentant comme des victoires pour l'Amérique dans son ensemble. Il mettait en avant sa politique de "America First" comme une manière de restaurer la grandeur perçue de la nation et de renforcer la cohésion interne.

De plus, Trump utilisait fréquemment des événements nationaux et internationaux pour réaffirmer ses messages d'unité. Des discours lors des célébrations nationales, des rencontres avec des dirigeants étrangers, jusqu'aux réponses aux crises nationales, Trump cherchait à projeter une image de leadership fort et de détermination unie pour le bien de tous les Américains.

Cependant, cette vision d'unité sous Trump n'était pas sans controverses. Ses critiques accusaient souvent ses discours d'exclure plutôt que d'inclure, de diviser plutôt que de rassembler, en particulier dans ses commentaires sur les questions raciales et ethniques, ainsi que dans ses relations avec l'opposition politique.

Conclusion

Le chapitre 7 explore comment Donald Trump a utilisé le discours de résilience et d'unité pour répondre à la tentative d'assassinat, en montrant sa capacité à surmonter l'adversité et à rassembler la nation en période de crise. La résilience, en tant que capacité à rebondir et à se remettre des difficultés, a été mise en avant dans ses actions et ses paroles, servant de modèle à ses partisans. L'unité, quant à elle, a joué un rôle crucial en offrant un soutien émotionnel et en renforçant les valeurs communes. Ensemble, ces éléments ont permis à Trump de transformer une épreuve personnelle en une opportunité de montrer son leadership et de rassembler ses soutiens autour d'une cause commune.

# CHAPITRE 8

# LEÇONS POUR L'AVENIR

# 1-CE QUE LES EVENEMENTS NOUS ENSEIGNENT SUR LA FOI ET LE LEADERSHIP

Pour développer ce sujet , nous pourrions explorer les leçons tirées des événements entourant la tentative d'assassinat de Donald Trump et ses réactions subséquentes, en mettant l'accent sur la relation entre la foi et le leadership.

Les événements tragiques de la tentative d'assassinat de Donald Trump ont mis en lumière plusieurs aspects essentiels de la foi et du leadership. La foi ici ne se restreint pas uniquement à une conviction religieuse, mais englobe également la confiance en soi, en ses principes et en sa capacité à naviguer à travers les épreuves. Pour un leader comme Trump, ces événements ont été une épreuve cruciale, mettant à l'épreuve sa capacité à maintenir le cap malgré les défis personnels et politiques.

Premièrement, la foi en soi-même et en ses convictions a été clairement mise en évidence. Face à une tentative d'assassinat, un leader doit non seulement montrer du courage physique, mais aussi une résilience intérieure. Trump a dû faire preuve de cette foi en ses capacités et en sa vision pour continuer à diriger malgré le danger personnel. Cela souligne l'importance pour tout leader, quel que soit le domaine, de croire fermement en ses principes et de rester fidèle à ses valeurs même dans les moments les plus difficiles.

Deuxièmement, la foi dans la capacité de surmonter les obstacles est cruciale pour un leader. Les réactions de Trump après l'incident ont montré sa détermination à ne pas être intimidé par la violence politique. Cette résilience est essentielle pour inspirer et guider efficacement, montrant aux autres que les défis peuvent être surmontés avec la foi en un avenir meilleur et en une justice durable. Pour les observateurs, cela enseigne que la foi en la capacité de surmonter les adversités est une qualité indispensable pour un leadership fort et efficace.

Troisièmement, la foi dans la vision et dans la mission personnelle est également mise en lumière. Les leaders doivent avoir une vision claire de leur objectif et une foi profonde en la justesse de leur cause pour mobiliser et inspirer les autres. Malgré les controverses entourant sa présidence, Trump a continué à promouvoir sa vision pour l'Amérique, renforçant ainsi la conviction en sa mission et en la nécessité de rester fidèle à ses idéaux.

En conclusion, les événements autour de la tentative d'assassinat de Donald Trump et ses réactions offrent des leçons profondes sur la relation entre la foi et le leadership. La foi en soi-même, en la capacité de surmonter les obstacles, et en la vision personnelle sont des éléments clés qui ont été illustrés par ces événements. Ces leçons ne s'appliquent pas seulement à la sphère politique, mais aussi à tout domaine où le leadership est nécessaire. Elles montrent comment la foi, comprise comme une conviction profonde en ses principes et en sa capacité à mener, peut être une force motrice puissante pour surmonter les défis et inspirer les autres à suivre un chemin de courage et d'intégrité.


## 1. LA FOI COMME SOURCE DE FORCE ET DE MOTIVATION

Pour Donald Trump, la foi a joué un rôle crucial en tant que source de force intérieure et de motivation tout au long de sa carrière politique. Sa croyance en une intervention divine a profondément influencé sa manière d'aborder les défis et les crises, en lui fournissant une base de résilience et de positivité qui a transcendé les obstacles rencontrés. Cette confiance en une force supérieure ne s'est pas limitée à renforcer sa propre détermination, mais a également eu un impact significatif sur ses partisans, les encourageant à rester solidaires et engagés.

Pour Trump, la foi n'était pas seulement une question de conviction personnelle, mais une force mobilisatrice qui lui permettait de maintenir une perspective optimiste même dans les moments difficiles. Sa conviction en une intervention divine lui offrait une assurance inébranlable que les choses se dérouleraient selon un dessein supérieur, quel que soit le contexte politique ou social. Cette certitude a non seulement renforcé sa résilience personnelle, mais a également été perçue comme une source d'inspiration par ceux qui le soutenaient.

Lors des crises et des défis politiques, la foi de Trump lui a servi de bouclier émotionnel contre le découragement et la frustration. Elle lui a fourni une motivation intrinsèque pour persévérer et pour affronter les critiques et les revers avec détermination. Cette attitude a été contagieuse parmi ses partisans, qui ont été encouragés à maintenir leur soutien envers lui malgré les critiques extérieures et les difficultés internes.

En outre, la foi de Trump a renforcé son leadership en lui permettant de communiquer avec une conviction profonde et une clarté morale qui résonnaient avec ceux qui partageaient ses convictions. Elle a servi de fondement moral à ses actions et à ses décisions, lui permettant de justifier ses choix politiques et ses positions sur la base de principes qui transcendaient le pragmatisme quotidien.

En conclusion, la foi de Trump a fonctionné comme une source de force intérieure et de motivation tout au long de sa carrière politique, influençant non seulement sa propre résilience mais aussi celle de ses partisans. Sa conviction en une intervention divine a servi de bouclier émotionnel et de moteur de détermination, lui permettant de maintenir une perspective positive face aux défis et de mobiliser un soutien continu parmi ses adeptes.


## 2. LE LEADERSHIP INSPIRE PAR LA FOI

Le leadership inspiré par la foi est une dimension puissante qui peut transformer non seulement les actions d'un leader, mais aussi la dynamique entre ce dernier et ses partisans. Lorsqu'un leader comme Donald Trump met en avant sa foi, cela déploie un potentiel émotionnel et symbolique profond au sein de sa base de soutien.

Donald Trump, en utilisant ouvertement sa foi pendant sa présidence, a cherché à incarner un leadership résilient et déterminé. Sa capacité à naviguer à travers l'adversité politique et sociale en s'appuyant sur sa foi a renforcé l'image d'un leader capable de surmonter les défis avec une confiance inébranlable. Pour ses partisans, cette démonstration de foi a servi à légitimer non seulement ses décisions politiques, mais aussi sa capacité à représenter et à défendre les valeurs qu'ils partagent.

Le lien entre la foi et le leadership s'étend au-delà de la simple déclaration publique de croyances religieuses. Cela implique souvent une résonance morale et une connexion spirituelle avec les électeurs et les supporters. Lorsqu'un leader exprime sa foi, cela peut servir de catalyseur pour établir un lien émotionnel profond avec ceux qui partagent des convictions similaires. Cette connexion émotionnelle renforce la confiance des partisans envers le leader et peut même engendrer une loyauté inconditionnelle.

De plus, la foi d'un leader peut être perçue comme un indicateur de ses motivations profondes et de ses principes directeurs. Pour beaucoup, cela représente un engagement envers des valeurs et des normes morales qui transcendent les considérations purement politiques. Ce faisant, un leader qui intègre sa foi dans son style de leadership peut être perçu comme plus authentique et plus aligné avec les convictions de ses partisans.

Cependant, l'utilisation de la foi dans le leadership n'est pas sans controverses ni critiques. Certains peuvent voir une telle fusion de religion et de politique comme problématique, surtout dans les sociétés pluralistes où la séparation entre l'Église et l'État est valorisée. Les critiques peuvent également soutenir que l'exploitation de la foi à des fins politiques peut polariser et diviser plutôt que d'unir.

En conclusion, le leadership inspiré par la foi peut jouer un rôle significatif dans la construction d'une base solide et engagée de partisans. Donald Trump a illustré comment la mise en avant de la foi peut renforcer la résilience et la détermination perçues d'un leader, consolidant ainsi la confiance et la loyauté de ses supporters. Cependant, l'impact de cette approche peut varier considérablement en fonction du contexte culturel, politique et social dans lequel elle est exercée.

## 3. LA FOI ET LA PRISE DE DECISION:

La foi joue un rôle essentiel dans la manière dont les leaders prennent des décisions, particulièrement en période de crise. En croyant fermement en une mission ou en se sentant guidé par des principes supérieurs, un leader peut être incité à prendre des décisions courageuses et audacieuses, souvent contre vents et marées. Cela a été particulièrement illustré par l'exemple de Donald Trump lors de son discours modifié après une crise majeure, où il a choisi de se concentrer sur l'unité et la résilience.

La foi d'un leader, qu'elle soit religieuse ou philosophique, façonne profondément sa vision du monde et ses convictions. Dans les moments de crise, cette foi peut lui fournir un cadre moral et une assurance intérieure qui le guident dans la prise de décisions difficiles. C'est ce qui a été observé chez Trump, dont la conviction en sa capacité à rassembler et à inspirer a conduit à une adaptation stratégique de son discours. En se tournant vers des thèmes d'unité nationale et de résilience, il a probablement cherché à renforcer son image de leader fort et déterminé, capable de diriger son pays à travers l'adversité.

Cette décision de Trump reflète non seulement une réponse tactique à la crise, mais aussi une manifestation de sa foi en des principes de leadership qui vont au-delà de la politique immédiate. Les leaders qui agissent avec une telle conviction sont souvent perçus comme plus authentiques et capables de mobiliser un soutien significatif, même dans des moments de division intense. Cela montre comment la foi peut non seulement influencer les actions immédiates d'un leader, mais aussi leur perception à long terme par le public et leur héritage politique.

Par conséquent, la foi n'est pas simplement une question de croyance personnelle; elle est aussi un moteur puissant qui peut transformer la manière dont les décisions sont prises et perçues en période de crise. En s'appuyant sur une foi profonde en des valeurs plus grandes que soi-même, les leaders peuvent puiser dans une force intérieure qui les guide à travers l'incertitude et les défis, inspirant confiance et détermination chez ceux qu'ils dirigent.

En conclusion, la foi joue un rôle crucial dans la manière dont les leaders naviguent à travers les crises et prennent des décisions cruciales. Elle les guide non seulement dans la formulation de stratégies et de discours, mais aussi dans la construction d'une image de leadership résiliente et inspirante. Trump, par sa décision de mettre l'accent sur l'unité et la résilience, illustre comment la foi peut influencer positivement les actions et la perception des leaders en temps de tumulte et de bouleversement social.

**Comment la foi peut renforcer les leaders en temps de crise**

La foi, en tant que pilier de soutien psychologique et émotionnel, peut jouer un rôle crucial dans le renforcement des leaders en temps de crise. Voici quelques façons dont la foi peut renforcer les leaders :

## 1. Résilience Émotionnelle:

La foi peut fournir une source inépuisable de résilience émotionnelle. Les leaders qui croient en une force supérieure ou en des principes transcendants peuvent puiser dans cette croyance pour surmonter le stress et l'anxiété, maintenant ainsi leur clarté mentale et leur capacité de prise de décision.

## 2. Clarté Morale:

La foi offre souvent un cadre moral et éthique solide. En temps de crise, les leaders peuvent se référer à leurs croyances pour obtenir des directives claires sur ce qui est juste et ce qui est nécessaire. Cette clarté morale peut simplifier les décisions complexes et aider à maintenir une direction cohérente.

## 3. Motivation et Espoir:

La foi peut être une source de motivation et d'espoir, non seulement pour les leaders eux-mêmes, mais aussi pour ceux qu'ils dirigent. En partageant leur foi et leur vision optimiste de l'avenir, les leaders peuvent inspirer et galvaniser leurs équipes, favorisant ainsi un environnement de soutien et de coopération.

## 4. Réseau de Soutien:

Les leaders religieux ou spirituels peuvent souvent s'appuyer sur leurs communautés de foi pour obtenir un soutien moral et pratique. Ces réseaux peuvent fournir des ressources, des conseils et une solidarité essentielle en période de crise, aidant les leaders à naviguer à travers les défis avec plus de confiance et de résilience.

### Stratégies pour cultiver la résilience et l'unité dans une société divisée

Cultiver la résilience et l'unité dans une société divisée nécessite des stratégies délibérées et inclusives. Voici quelques approches pour y parvenir :

## 1. Promotion du Dialogue et de l'Empathie:

Encourager le dialogue ouvert et l'écoute empathique entre les différentes parties de la société est crucial. Les leaders doivent créer des plateformes où les individus peuvent exprimer leurs préoccupations et leurs points de vue, et où les différences peuvent être discutées respectueusement. L'empathie permet de comprendre les perspectives opposées et de trouver des terrains d'entente.

## 2. Renforcement des Valeurs Communes:

Mettre en avant les valeurs et les objectifs communs peut aider à surmonter les divisions. En identifiant des aspirations partagées, telles que la sécurité, la prospérité, et le bien-être collectif, les leaders peuvent unifier les individus autour de ces idéaux. Les discours et les actions qui soulignent ces valeurs peuvent renforcer le sentiment d'unité.

## 3. Éducation à la Résilience:

L'éducation et la formation à la résilience peuvent préparer les individus à mieux gérer les crises. Cela inclut des programmes qui enseignent les compétences de gestion du stress, la résolution de problèmes, et la capacité à rebondir après des échecs. En formant une société plus résiliente, on renforce sa capacité collective à surmonter les défis.

## 4. Leadership Inclusif:

Un leadership inclusif qui valorise la diversité et favorise l'inclusion est essentiel pour cultiver l'unité. Les leaders doivent s'assurer que toutes les voix sont entendues et représentées dans les processus de décision. Cela renforce la confiance et la coopération au sein de la société, créant un environnement où chacun se sent valorisé et soutenu.

## 5. Mobilisation de la Communauté:

La mobilisation des communautés locales et des organisations de la société civile peut jouer un rôle clé dans la construction de la résilience et de l'unité. Les initiatives communautaires, les projets de service et les campagnes de sensibilisation peuvent rassembler les individus autour de causes communes, renforçant les liens sociaux et le sentiment d'appartenance.

## 6. Communication Transparente et Honnête:

Une communication transparente et honnête de la part des leaders est cruciale pour maintenir la confiance et la solidarité. En étant ouverts sur les défis et en partageant des informations précises, les leaders peuvent construire une base de confiance qui est essentielle pour l'unité et la résilience.

Conclusion

Les événements autour de la tentative d'assassinat de Donald Trump et ses réactions offrent des leçons importantes sur la relation entre la foi, le leadership, et la résilience en période de crise. La foi peut renforcer les leaders en leur fournissant une source de force, de clarté morale, et de motivation, tandis que l'unité et la résilience peuvent être cultivées à travers le dialogue, la promotion des valeurs communes, et un leadership inclusif. En appliquant ces leçons, les leaders et les communautés peuvent mieux naviguer à travers les défis et construire une société plus forte et plus unie.

**UN MOT POUR LES DIRIGEANTS DU MONDE**

Les conseils bibliques tirés des rois dans la Bible offrent des enseignements précieux pour les dirigeants contemporains :

**1. Intégrité et justice : Comme le roi Salomon, soyez justes et équitables dans vos décisions (1 Rois 3:9). L'intégrité inspire la confiance et renforce la stabilité sociale.**

Dans un monde où les défis politiques, économiques et sociaux sont omniprésents, les dirigeants cherchent souvent des principes solides pour guider leur leadership. La Bible offre une richesse de sagesse et de conseils, puisée des expériences des rois anciens. Parmi ces conseils, l'importance de l'intégrité et de la justice, telles qu'exemplifiées par le roi Salomon dans 1 Rois 3:9, se révèle cruciale pour inspirer la confiance et renforcer la stabilité sociale.

L'Exemple de Salomon : Intégrité et Justice

Salomon, successeur du roi David, est largement reconnu pour sa sagesse et sa capacité à rendre des jugements équitables. Lorsque Dieu lui offre de lui accorder ce qu'il désire le plus, Salomon demande non pas la richesse ou la gloire, mais la sagesse pour gouverner son peuple avec justice. Dans sa prière à Gibeon, Salomon déclare : "*Accorde donc à ton serviteur un cœur attentif pour juger ton peuple, pour discerner entre le bien et le mal!*" (1 Rois 3:9). Cette requête montre que l'intégrité commence par une humilité profonde et une quête sincère de servir son peuple avec sagesse et discernement.

L'Impact de l'Intégrité sur la Confiance Publique

L'intégrité d'un dirigeant est le fondement sur lequel repose la confiance du peuple. Lorsque Salomon rend un jugement où deux femmes revendiquent la maternité d'un même enfant, sa décision de proposer de couper l'enfant en deux pour en donner la moitié à chacune, révèle son discernement. Cette proposition est à la fois une épreuve de sincérité et une démonstration de son engagement à rendre justice sans partialité (1 Rois 3:16-28). Lorsque le véritable amour maternel est révélé par la réaction de la vraie mère, Salomon est convaincu de sa décision. Sa volonté de sacrifier sa propre réputation pour la vérité renforce la confiance publique en sa capacité à diriger avec intégrité.

Stabilité Sociale et Leadership Juste

Une société stable repose sur des fondations de justice. Les dirigeants qui suivent l'exemple de Salomon en recherchant activement la sagesse divine pour rendre des décisions justes promeuvent la cohésion sociale et le respect de la loi. Lorsque les citoyens voient que les dirigeants agissent avec impartialité et sagesse, ils sont plus enclins à respecter les institutions et à collaborer pour le bien commun.

Application Pratique dans le Leadership Moderne

Dans le contexte contemporain, les dirigeants du monde peuvent appliquer ces principes en établissant des normes éthiques élevées et en veillant à ce que les décisions politiques soient guidées par la justice et l'équité. Cela nécessite non seulement une compréhension profonde des besoins et des aspirations de la société, mais aussi un engagement à mettre en œuvre des politiques qui favorisent la dignité humaine et la justice sociale. Par exemple, en garantissant l'accès équitable à l'éducation, à la santé et à l'emploi, les dirigeants peuvent promouvoir un environnement où chaque individu a la possibilité de prospérer.

Conclusion

En conclusion, l'exemple de Salomon dans la Bible offre un modèle puissant pour les dirigeants du monde moderne. L'intégrité et la justice, comme illustrées par Salomon, sont essentielles pour inspirer la confiance publique, renforcer la stabilité sociale et promouvoir un leadership efficace et respecté. En s'engageant à suivre ces principes, les dirigeants peuvent non seulement améliorer leur propre leadership, mais aussi contribuer à bâtir des sociétés plus justes et plus harmonieuses où chacun a la possibilité de s'épanouir.

**2. Humilité et dépendance de Dieu : Apprenez de la repentance de David après ses erreurs (Psaume 51). Reconnaître ses fautes et chercher la guidance divine est essentiel pour éviter l'orgueil et pour diriger avec sagesse.**

Dans les annales des dirigeants bibliques, l'histoire de David, le roi d'Israël, offre un précieux enseignement sur l'importance de l'humilité et de la dépendance de Dieu dans le leadership. Son expérience, narrée dans le Psaume 51, illustre la profondeur de la repentance et l'impact transformateur de reconnaître ses erreurs tout en cherchant la guidance divine pour diriger avec sagesse.

L'Exemple de David : La Repentance et la Dépendance de Dieu

David, renommé pour ses succès militaires et sa poésie inspirante, n'était pas immunisé contre les épreuves morales. Sa liaison avec Bathsheba et son complot pour éliminer son mari Uriah sont parmi les moments les plus sombres de son règne. Cependant, quand le prophète Nathan l'a confronté avec la vérité, David n'a pas cherché à dissimuler ses péchés. Au contraire, il a immédiatement reconnu son offense contre Dieu et a formulé une prière poignante de repentance dans le Psaume 51. Ce psaume exprime profondément son désir de purification intérieure et de restauration de sa relation avec Dieu.

L'Impact de l'Humilité sur le Leadership

L'humilité est souvent perçue comme une faiblesse dans le leadership moderne, mais dans le contexte biblique, elle est vue comme une force. Reconnaître ses fautes ouvre la voie à la guérison personnelle et à la réconciliation avec ceux qu'on a lésés. Pour les dirigeants, cela signifie être transparent et responsable de leurs actions, un trait qui inspire la confiance et favorise un environnement de travail plus éthique et collaboratif.

Pour David, la dépendance de Dieu était centrale. Il reconnaissait sa propre insuffisance pour naviguer dans les défis du leadership sans l'orientation divine. Dans le Psaume 51:12, il prie : "*Rends-moi la joie de ton salut, et qu'un esprit de bonne volonté me soutienne!*" Cette déclaration reflète sa conviction que seul Dieu peut restaurer la paix intérieure et fournir la direction nécessaire pour guider son peuple avec sagesse et discernement.

Application Pratique dans le Leadership Moderne

Les dirigeants modernes peuvent tirer des leçons précieuses de l'exemple de David en intégrant l'humilité et la dépendance de Dieu dans leur propre leadership :

1. Reconnaissance des Erreurs : Admettre les erreurs et prendre la responsabilité de ses actions sont essentiels pour maintenir l'intégrité et la crédibilité.

2. Recherche de Guidance Divine : Prendre des décisions basées sur des principes éthiques et chercher la sagesse divine peut conduire à des choix plus éclairés et à une gestion plus efficace des situations complexes.

3. Cultiver un Environnement de Confiance : Favoriser un climat où les employés se sentent libres de signaler les problèmes et de contribuer ouvertement encourage la transparence et renforce la cohésion au sein de l'organisation.

Conclusion

En conclusion, l'histoire de David dans le Psaume 51 offre une leçon intemporelle pour les dirigeants du monde entier. L'humilité et la dépendance de Dieu ne sont pas des signes de faiblesse, mais des qualités essentielles qui favorisent un leadership juste et efficace. En suivant l'exemple de David, les dirigeants peuvent non seulement améliorer leur propre intégrité personnelle, mais aussi inspirer leur équipe et leur nation à atteindre de nouveaux sommets basés sur des principes éthiques et spirituels solides.

**3. Sagesse et discernement : Comme Salomon, demandez à Dieu la sagesse pour prendre des décisions difficiles (1 Rois 3:10-14). La sagesse divine aide à naviguer à travers les complexités de la gouvernance.**

Dans les moments de prise de décision cruciale, les dirigeants du monde se tournent souvent vers des modèles éprouvés pour obtenir sagesse et discernement. La Bible, avec ses récits d'anciens rois comme Salomon, offre une source inestimable de conseils sur l'importance de rechercher la sagesse divine pour gouverner avec succès et équité.

L'Exemple de Salomon : La Quête de Sagesse Divine

Salomon, fils de David, est connu pour sa requête à Dieu lorsqu'il est devenu roi. Au lieu de demander richesse ou pouvoir, il pria humblement : "Accorde donc à ton serviteur un cœur attentif pour juger ton peuple, pour discerner entre le bien et le mal" (1 Rois 3:9). Cette requête touchante révèle la reconnaissance de Salomon de sa propre limitation humaine et sa dépendance de la sagesse divine pour accomplir ses devoirs royaux avec justesse.

L'Accord de Dieu avec Salomon : La Sagesse comme Clé de la Gouvernance

Dieu, impressionné par la prière de Salomon, non seulement lui accorda la sagesse qu'il avait demandée, mais aussi la richesse et l'honneur (1 Rois 3:10-14). Cette histoire illustre que la sagesse divine est la clé pour naviguer à travers les défis complexes de la gouvernance. Pour les dirigeants modernes, cela signifie reconnaître la nécessité de prendre des décisions éclairées qui transcendent les intérêts personnels pour le bien-être commun.

Sagesse et Discernement dans la Prise de Décision

La sagesse, selon la perspective biblique, ne se limite pas à l'intellect, mais englobe la compréhension profonde des principes moraux et des implications à long terme de chaque décision. Les dirigeants qui cherchent la sagesse divine sont mieux équipés pour faire face aux crises, anticiper les conséquences imprévues et évaluer les meilleures options disponibles pour leur peuple et leur nation.

Application Pratique dans le Leadership Moderne

Pour les dirigeants contemporains, les leçons de Salomon offrent plusieurs pistes d'application :

1. Priorité à la Sagesse Divine : Plutôt que de se fier uniquement à leur propre jugement, les dirigeants devraient chercher activement la guidance divine à travers la prière et la méditation sur des principes spirituels et éthiques.

2. Anticipation des Conséquences : Prendre des décisions basées sur une vision à long terme et une évaluation minutieuse des ramifications potentielles aide à minimiser les impacts négatifs sur la société et à maximiser les bénéfices à long terme.

3. Leadership Basé sur les Valeurs : Intégrer des valeurs telles que l'intégrité, la justice et la compassion dans toutes les décisions renforce la confiance du public et encourage une culture organisationnelle basée sur l'éthique et la responsabilité.

Conclusion

En conclusion, la quête de Salomon pour la sagesse divine dans 1 Rois 3:10-14 offre une leçon intemporelle pour les dirigeants du monde moderne. La sagesse et le discernement, obtenus à travers une recherche constante de guidance divine, non seulement renforcent la capacité des dirigeants à gouverner efficacement, mais aussi à inspirer et à conduire leurs nations vers des objectifs communs et durables. En embrassant ces principes, les dirigeants peuvent non seulement améliorer leurs propres capacités de leadership, mais aussi contribuer à construire un avenir plus juste, sage et prospère pour tous.

## 4. Compassion et soin des opprimés : Suivez l'exemple du roi Josias en travaillant pour le bien-être des plus vulnérables (2 Rois 22:19). Prendre soin des nécessiteux et des opprimés reflète la justice sociale et divine.

Dans les annales des rois bibliques, l'histoire de Josias offre un modèle puissant de leadership axé sur la compassion et le soin des opprimés. Son exemple, illustré dans 2 Rois 22:19, montre comment un dirigeant peut agir pour le bien-être des plus vulnérables, reflétant ainsi la justice sociale et divine.

L'Exemple de Josias : Justice et Compassion en Action

Josias, roi de Juda à l'âge de huit ans, fut loué pour sa droiture et sa piété tout au long de son règne. Son histoire culmine dans la découverte du livre de la Loi dans le temple, perdu depuis longtemps. Lorsque ce livre fut lu devant Josias, il réalisa l'ampleur des péchés de son peuple et les jugements divins qui pendaient au-dessus d'eux à cause de leur désobéissance. En réponse, Josias humilia son cœur devant Dieu et promit de réparer les torts et de restaurer l'alliance de Dieu (2 Rois 22:19).

Compassion envers les Opprimés

Josias n'était pas seulement préoccupé par la réparation spirituelle, mais aussi par le bien-être des opprimés et des démunis de son royaume. Il a pris des mesures concrètes pour mettre fin à l'exploitation des plus faibles et pour rétablir la justice sociale selon les lois divines. Son leadership était imprégné de compassion, une qualité essentielle que les dirigeants modernes peuvent émuler pour répondre aux besoins des populations marginalisées et vulnérables.

Justice Sociale et Responsabilité Divine

La compassion et le soin des opprimés ne sont pas seulement des initiatives humanitaires, mais aussi un impératif moral dicté par les principes divins de justice et de solidarité. Les dirigeants qui mettent en œuvre des politiques et des programmes visant à soulager la pauvreté, à protéger les droits des minorités et à garantir l'accès équitable aux ressources essentielles, reflètent une compréhension profonde de leur responsabilité envers leurs concitoyens et envers Dieu.

Application Pratique dans le Leadership Moderne

Pour les dirigeants contemporains, les leçons tirées de Josias offrent des pistes d'action significatives :

1. Promotion de la Justice Sociale : Adopter des politiques qui visent à réduire les inégalités économiques et sociales, à fournir un accès équitable aux soins de santé, à l'éducation et à d'autres services essentiels.

2. Protection des Droits Humains : Veiller à ce que toutes les personnes, quel que soit leur statut social ou économique, bénéficient de la protection juridique et des droits fondamentaux.

3. Leadership Inspiré par la Compassion : Incarner des valeurs telles que la compassion, l'empathie et la responsabilité envers les plus vulnérables, afin de construire une société plus juste et plus inclusive.

Conclusion

En conclusion, l'exemple de Josias dans 2 Rois 22:19 offre une leçon profonde pour les dirigeants du monde entier sur l'importance de la compassion et du soin des opprimés. En intégrant ces principes dans leur leadership, les dirigeants peuvent non seulement répondre aux besoins urgents de leur population, mais aussi contribuer à bâtir des communautés plus justes, solidaires et respectueuses des droits humains. En suivant l'exemple de Josias, les dirigeants peuvent transformer leur vision en action, en faisant progresser le bien-être collectif et en honorant leur responsabilité divine envers tous ceux qu'ils servent.

**5. Leadership serviteur : Modélisez le leadership serviteur de Jésus-Christ, qui a lavé les pieds de ses disciples (Jean 13:1-17). Diriger avec humilité et compassion renforce les relations et inspire la loyauté.**

Le modèle de leadership serviteur de Jésus-Christ, illustré dans l'Évangile de Jean (Jean 13:1-17), offre une vision puissante pour les dirigeants du monde moderne. Diriger avec humilité, compassion et dévouement envers les autres renforce les relations, inspire la loyauté et promeut une culture de respect et d'harmonie au sein de la société.

L'Exemple de Jésus-Christ : Le Lavement des Pieds

L'événement du lavement des pieds est emblématique de la nature du leadership de Jésus. Avant la dernière Cène, Jésus se leva de table, prit une serviette et un bassin d'eau, puis commença à laver les pieds de ses disciples, y compris ceux de Judas Iscariote, qui allait le trahir. Ce geste humble et symbolique démontrait non seulement son amour et son dévouement envers ses disciples, mais aussi son modèle de leadership basé sur le service et l'humilité.

Les Principes du Leadership Serviteur

Le leadership serviteur, tel que démontré par Jésus, repose sur plusieurs principes fondamentaux :

1. Humilité : Jésus, bien que le Maître et le Seigneur, s'est abaissé pour servir ses disciples, démontrant ainsi l'importance de mettre de côté l'orgueil et de privilégier les besoins des autres avant les siens.

2. Compassion : L'acte de laver les pieds était un symbole de purification et de soin, illustrant la compassion profonde de Jésus envers ses disciples et son désir de les soutenir dans leur voyage spirituel et physique.

3. Dévouement : Jésus a consacré sa vie au service des autres, enseignant et guidant ses disciples non seulement par ses paroles mais aussi par ses actions, montrant ainsi l'importance de l'engagement personnel envers ceux qu'on dirige.

Application Pratique dans le Leadership Moderne

Pour les dirigeants modernes, le modèle de leadership serviteur de Jésus offre des implications profondes :

1. Renforcement des Relations : En adoptant une approche de leadership fondée sur le service et l'écoute active, les dirigeants peuvent renforcer les relations avec leurs collaborateurs, favorisant ainsi un environnement de travail harmonieux et productif.

2. Inspiration de la Loyauté : Les dirigeants qui montrent une véritable compassion et un engagement envers le bien-être de leur équipe inspirent la loyauté et l'engagement des employés, créant ainsi une culture organisationnelle où chacun se sent valorisé et respecté.

3. Promotion de la Justice Sociale : Le leadership serviteur encourage également les dirigeants à prendre des décisions équitables et à œuvrer pour la justice

sociale, en veillant à ce que toutes les personnes, quel que soit leur statut, soient traitées avec dignité et respect.

Conclusion

En conclusion, le modèle de leadership serviteur de Jésus-Christ, tel qu'illustré dans Jean 13:1-17, est une source d'inspiration et de guidance précieuse pour les dirigeants du monde. En adoptant les principes de l'humilité, de la compassion et du dévouement envers les autres, les dirigeants peuvent non seulement améliorer leur efficacité et leur impact, mais aussi contribuer à construire des sociétés plus justes, inclusives et résilientes. En suivant l'exemple de Jésus, les dirigeants peuvent transformer leurs organisations et leurs nations, en mettant l'accent sur le service et le bien-être commun plutôt que sur le pouvoir et l'autorité personnels.

**6. Fidélité à la vérité et à la parole de Dieu : Comme le roi Josias, engagez-vous à suivre la Parole de Dieu et à promouvoir la vérité (2 Rois 22:2). La fidélité à des principes éthiques et moraux établit une base solide pour la gouvernance.**

La fidélité à la vérité et à la parole de Dieu, comme illustré par l'exemple du roi Josias dans 2 Rois 22:2, est essentielle pour les dirigeants du monde moderne. S'engager à suivre les principes éthiques et moraux établit une base solide pour une gouvernance juste et équilibrée, promouvant ainsi la confiance et la stabilité au sein de la société.

L'Exemple de Josias : Redécouverte de la Loi de Dieu

Josias était un roi de Juda qui monta sur le trône à l'âge de huit ans. Son règne est marqué par une quête passionnée pour restaurer la fidélité au Dieu d'Israël et aux principes de sa loi. À l'âge de dix-huit ans, Josias ordonna la rénovation du temple de Jérusalem. Pendant les travaux, le grand prêtre Hilkija découvrit un manuscrit oublié de la Loi de Moïse (la Torah). Lorsque le livre fut lu devant Josias, il fut profondément troublé par la réalisation de la désobéissance de son peuple envers Dieu et des conséquences qui en découleraient (2 Rois 22:11-13).

Engagement envers la Parole de Dieu

Josias réagit avec détermination et humilité. Il s'engagea personnellement à suivre la Parole de Dieu et à guider son peuple sur la voie de la vérité et de la droiture. Cette découverte marqua un tournant crucial dans son règne, le poussant à entreprendre des réformes religieuses et sociales pour rétablir l'alliance de Dieu avec son peuple. Josias a agi avec intégrité et fermeté, faisant de la Parole de Dieu le fondement de sa gouvernance.

La Vérité comme Fondement de la Gouvernance

Pour les dirigeants modernes, la fidélité à la vérité et à la parole de Dieu revêt plusieurs significations :

1. Intégrité Personnelle : S'engager à suivre des principes éthiques et moraux dans toutes les décisions et actions, même lorsque cela est difficile ou impopulaire.

2. Transparence et Responsabilité : Promouvoir une gouvernance transparente où les actions et les décisions sont justifiées par des valeurs et des principes clairs, accessibles à tous les citoyens.

3. Promotion de la Justice : Utiliser la parole de Dieu comme guide pour défendre les droits des opprimés, protéger les plus vulnérables et œuvrer pour la justice sociale.

Application Pratique dans le Leadership Moderne

Les dirigeants du monde moderne peuvent tirer plusieurs leçons pratiques de l'exemple de Josias :

1. Éducation et Formation : Investir dans l'éducation morale et spirituelle pour les dirigeants et les citoyens afin de promouvoir une compréhension profonde des valeurs éthiques et morales.

2. Dialogue Interconfessionnel : Encourager le dialogue et la coopération interreligieuse pour promouvoir des valeurs communes de justice, d'intégrité et de vérité.

3. Leadership Inspiré par la Foi : Utiliser les enseignements de la Bible comme source d'inspiration pour la résolution de problèmes sociaux complexes et la promotion du bien-être commun.

Conclusion

En conclusion, la fidélité à la vérité et à la parole de Dieu, exemplifiée par Josias dans 2 Rois 22:2, est un principe fondamental pour les dirigeants du monde moderne. En s'engageant à suivre des principes éthiques et moraux, les dirigeants peuvent établir une gouvernance juste et équilibrée, promouvant ainsi la confiance, la stabilité et le bien-être de leur société. En intégrant ces principes dans leur leadership, les dirigeants peuvent non seulement honorer leur responsabilité envers Dieu, mais aussi inspirer et conduire leurs nations vers un avenir de vérité, de justice et de paix.

En suivant ces conseils, les dirigeants peuvent non seulement améliorer leur efficacité mais aussi influencer positivement la société en cultivant la justice, la sagesse et la compassion dans leur leadership.

# CONCLUSION

Les événements entourant la tentative d'assassinat de Donald Trump ont mis en lumière des aspects profonds de la foi, de la résilience et de l'unité en période de crise, offrant des leçons précieuses et des réflexions importantes pour les individus et les communautés.

Réflexion sur la signification des événements

La tentative d'assassinat de Donald Trump a été un moment crucial non seulement dans sa vie personnelle, mais aussi dans la vie politique et sociale des États-Unis. Cet incident a mis en évidence la fragilité de la sécurité des leaders politiques et la réalité omniprésente de la violence dans la société contemporaine. Cependant, au-delà de l'aspect tragique, cela a également réaffirmé la puissance de la foi pour surmonter les adversités les plus graves. Trump lui-même a attribué sa survie à une intervention divine, une affirmation qui a résonné auprès de nombreux partisans et a suscité une réflexion plus large sur le rôle de la spiritualité dans la vie publique.

L'importance de la foi et de l'unité dans les moments de crise

La foi a joué un rôle crucial en fournissant à Trump et à ses partisans un cadre de sens et de résilience face à la tentative d'assassinat. Elle a servi de fondation morale et émotionnelle, renforçant leur détermination à faire face à l'adversité avec courage et détermination. De plus, l'appel à l'unité nationale a souligné l'importance de mettre de côté les différences politiques en période de crise, unissant les Américains autour de valeurs communes de sécurité, de solidarité et de résilience collective.

Appel à l'action pour les lecteurs: Comment intégrer la foi et la résilience dans leur propre vie

Pour les lecteurs, les événements décrits offrent une opportunité de réfléchir à la manière dont la foi et la résilience peuvent être intégrées dans leur propre vie :

1. Cultiver la foi personnelle: Prendre du temps pour réfléchir et renforcer sa propre spiritualité peut offrir une source de réconfort et de guidance dans les moments difficiles.

2. Pratiquer la résilience: Développer des compétences de résilience, telles que la gestion du stress, la pensée positive et la recherche de soutien social, peut aider à faire face aux défis personnels et professionnels.

3. Promouvoir l'unité communautaire: Contribuer à la construction d'une communauté solidaire et inclusive en favorisant le dialogue, en soutenant les initiatives locales et en promouvant des valeurs de tolérance et de compréhension mutuelle.

4. Engager un leadership éclairé: Encourager et soutenir des leaders qui incarnent des valeurs de foi, de résilience et d'unité peut jouer un rôle crucial dans le façonnement d'une société plus forte et plus résiliente.

Ensemble, ces actions peuvent contribuer à renforcer individuellement et collectivement la capacité à faire face aux crises futures avec détermination et espoir.

Perspectives futures

Alors que nous réfléchissons sur les événements entourant la tentative d'assassinat de Donald Trump, il devient clair que la foi et la résilience sont des ressources essentielles pour naviguer dans un monde souvent tumultueux. En intégrant ces valeurs dans nos vies et dans nos communautés, nous pouvons aspirer à construire un avenir où la compassion, la compréhension et la solidarité sont les piliers d'une société plus juste et plus humaine.

# APPENDICES

Transcriptions des Discours de Trump et Reagan

Discours de Donald Trump après la tentative d'assassinat :

« Merci à tous pour vos pensées et vos prières hier, car c'est Dieu seul qui a empêché l'impensable de se produire. Nous n'aurons PAS PEUR, mais resterons résilients dans notre foi et défiants face à la méchanceté. Notre amour va aux autres victimes et à leurs familles. Nous prions pour le rétablissement de ceux qui ont été blessés et gardons dans nos cœurs la mémoire du citoyen qui a été si horriblement tué. »

Discours de Ronald Reagan après l'attentat de 1981 :

« Quoi qu'il arrive maintenant, je dois ma vie à Dieu et j'essaierai de le servir de toutes les manières possibles. La chaleur de vos paroles, l'expression de votre amitié et, oui, de votre amour, ont signifié pour nous plus que vous ne pourrez jamais l'imaginer. Vous nous avez laissé un souvenir que nous chérirons à jamais. Et vous avez apporté une réponse aux quelques voix qui se sont élevées pour dire que ce qui s'était passé était la preuve que notre société était malade. La société que nous avons entendue est composée de millions d'Américains compatissants et de leurs enfants, de l'âge universitaire à la maternelle. »

Témoignages et Interviews de Témoins Oculaires

Les témoignages et les interviews de témoins oculaires de l'attentat contre Donald Trump et de l'attentat contre Ronald Reagan offrent des perspectives uniques sur ces événements historiques et leurs répercussions émotionnelles et sociales.

Témoignage de témoins oculaires de l'attentat contre Donald Trump :

Corey Comperatore, un participant de 50 ans au rassemblement de Butler, en Pennsylvanie, a été tué alors qu'il couvrait sa femme et ses deux filles pour les protéger, selon les médias. Il était un ancien pompier. Les témoins oculaires ont décrit la scène comme étant extrêmement chaotique et terrifiante, marquée par le courage et le désespoir des personnes présentes.

Témoignage de témoins oculaires de l'attentat contre Ronald Reagan :

Les témoins oculaires de l'attentat contre Ronald Reagan ont relaté la confusion initiale et l'effroi qui ont suivi les tirs. Certains ont exprimé leur soulagement que Reagan ait survécu à l'attaque, tandis que d'autres ont partagé leur choc et leur inquiétude pour la sécurité des dirigeants nationaux.

Bibliographie et Ressources Supplémentaires sur la Foi et la Politique

**Livres :**

1. ''The Faith of Donald J. Trump: A Spiritual Biography'' par David Brody et Scott Lamb

2. ''Reagan's God and Country: A President's Moral Compass: His Beliefs on God, Religious Freedom, the Sanctity of Life and More'' par Ralph Reed

3. God and Ronald Reagan: A Spiritual Life par Paul Kengor

**Articles et Documents :**

1. "Trump Praises God, Saying It Was God Alone Who Prevented the Unthinkable" - Crosswalk.com

2. "Reagan Thanks America for Support After Assassination Attempt" - The Washington Post

3. Discours de Ronald Reagan sur l'état de l'Union après l'attentat de 1981

Sites Web :

1. Crosswalk.com - Section sur la foi et la politique

2. Ronald Reagan Presidential Library - Archives et discours complets

3. Truth Social - Plateforme de médias sociaux de Donald Trump

Ces ressources offrent une perspective approfondie sur la manière dont la foi et
la politique entrelacent les vies des dirigeants et influencent leurs réactions face
à l'adversité et aux défis de leadership. Elles servent également de base pour une
analyse critique et comparative des discours et des actions des présidents face
aux crises et aux moments décisifs de l'histoire moderne.


Garoua-Cameroun, le 16 Juillet 2024

# ➢ CE QUE VOUS DEVEZ SAVOIR !

## 1-Les faits du péché

**Rom 3 :9-12,23** « *Quoi donc ! Sommes-nous plus excellents ? Nullement. Car nous avons déjà prouvé que tous, Juifs et Grecs, sont sous l'empire du péché, selon qu'il est écrit : Il n'y a point de juste, Pas même un seul ; Nul n'est intelligent, Nul ne cherche Dieu ; Tous sont égarés, tous sont pervertis ; Il n'en est aucun qui fasse le bien, Pas même un seul.* Car tous ont péché et sont privés de la gloire de Dieu »

**Gal 5 :19** « *Or, les œuvres de la chair sont manifestes, ce sont l'impudicité, l'impureté, la dissolution, l'idolâtrie, la magie, les inimitiés, les querelles, les jalousies, les animosités, les disputes, les divisions, les sectes, l'envie, l'ivrognerie, les excès de table, et les choses semblables. Je vous dis d'avance, comme je l'ai déjà dit, que ceux qui commettent de telles choses n'hériteront point le royaume de Dieu.* »

**Ps 14 :1-3** «*L'insensé dit en son cœur : Il n'y a point de Dieu ! Ils se sont corrompus, ils ont commis des actions abominables ; Il n'en est aucun qui fasse le bien. L'Eternel, du haut des cieux, regarde les fils de l'homme, Pour voir s'il y a quelqu'un qui soit intelligent, Qui cherche Dieu. Tous sont égarés, tous sont pervertis ; Il n'en est aucun qui fasse le bien, Pas même un seul.* »

## 2-Les conséquences du péché

*1 Cor 6 :9-10* « *Ne savez-vous pas que les injustes n'hériteront point le royaume de Dieu ? Ne vous y trompez pas : ni les impudiques, ni les idolâtres, ni les adultères, ni les efféminés, ni les infâmes, ni les voleurs, ni les cupides, ni les ivrognes, ni les outrageux, ni les ravisseurs, n'hériteront le royaume de Dieu.* »

*6 :23* « *Car le salaire du péché, c'est la mort ; mais le don gratuit de Dieu, c'est la vie éternelle en Jésus-Christ notre Seigneur.* »

## 3-L'amour de Dieu manifesté en Jésus-Christ

*Jn 3 :16* « *Car Dieu a tant aimé le monde qu'il a donné son Fils unique, afin que quiconque croit en lui ne périsse point, mais qu'il ait la vie éternelle.* »

## 4-La voie de Dieu pour sortir du péché

*Rom 10 : 9-13* « *Si tu confesses de ta bouche le Seigneur Jésus, et si tu crois dans ton cœur que Dieu l'a ressuscité des morts, tu seras sauvé. Car c'est en croyant du cœur qu'on parvient à la justice, et c'est en confessant de la bouche qu'on parvient au salut, selon ce que dit l'Ecriture: (10-11) Quiconque croit en lui ne sera point confus. Il n'y a aucune différence, en effet, entre le Juif et le Grec, puisqu'ils ont tous un même Seigneur, qui est riche pour tous ceux qui l'invoquent.* »

Si vous avez besoin d'un conseiller spirituel, contactez-moi au :
**Mail : jtchindebe@gmail.com**
**Watsap : +237678077889**

*QUE DIEU VOUS BENISSE !*